Jean Bach · Internationales Handbuch der Puppenmarken

Jean Bach

Internationales Handbuch der PUPPENMARKEN

Ein Puppen-Bestimmungsbuch

Laterna magica

2. Auflage 1991

Titel der englischen Originalausgabe: The Main Street Dictionary of Doll Marks

Produktionsleitung: Günther Herdin, München

Herstellung der deutschen Ausgabe: Satz + Buch, W. Hartmann, Gauting
Übersetzung: Wolfgang Hartmann
Satz: Satz + Buch, W. Hartmann

ISBN 3-87467-389-8

Druck: Bosch-Druck Landshut

Printed in Germany

INHALT

VORWORT

PUPPENSAMMLER sind furchtlose, unermüdliche Jäger, rastlos in ihrer Suche nach perfekten Ergänzungen ihrer Sammlung und unerreicht in ihrer Begeisterung, wenn sie die ideale Puppe aufgespürt haben. Zwar liegt den meisten mehr am Aussehen einer Puppe, ihrem Typ und ihrem Zustand, und weniger an ihrem Hersteller. Dennoch aber sind Kenntnisse über den Hersteller, das Ursprungsland und das ungefähre Alter einer Puppe geeignet, wesentlich zu ihrer Wertschätzung beizutragen und die Freude an ihrem Besitz zu vertiefen. Alles herauszufinden, was sich hinter einer neuerworbenen Puppe verbirgt, gehört einfach zum Jagdvergnügen. Material, Gesichtszüge, Malstil und andere augenfällige Charakteristika mögen zur Identifizierung einer Puppe beitragen, einen Verdacht erhärten oder gar endgültig bestätigen können nur ihre Marken.

Millionen Puppen stehen in Tausenden von Sammlungen in aller Welt, und noch immer nimmt das Puppensammeln an Beliebtheit zu (es wird nach jüngsten Zeitungsberichten nur noch vom Briefmarkensammeln übertroffen). Daraus folgt, daß die Anzahl der zum Sammeln verfügbaren Puppen von etwa 1840 bis 1940, dem Zeitraum, auf den sich dieses Buch konzentriert, immer weiter abnimmt und sich damit ein Markt für skrupellose Geschäftemacher auftut, die dem unerfahrenen Sammler billige Nachahmungen andrehen. Solche Reinfälle lassen sich vermeiden, wenn man lernt, Puppen anhand ihrer Marken zu identifizieren.

Schon lange, bevor Puppen ein beliebtes Kinderspielzeug wurden und ehe sie durch Massenfertigung allgemein erschwinglich wurden, markten Porzellanhersteller ihre Produkte zur Kennzeichnung von Herkunft und Qualität. Mit der Ausweitung des Puppengeschäfts gingen viele dieser Fabriken zur Herstellung von Puppen (bzw. Puppenköpfen) über und versahen diese ebenfalls mit ihren Marken. Bis 1891 gab es jedoch für solche Kennzeichnungen keinerlei Regeln – jeder Hersteller konnte ganz nach Belieben Warenzeichen verwenden. Selbstverständlich wurden Puppen auch aus anderen Materialien als Biskuitporzellan oder Porzellan hergestellt (u.a. aus Leder, Papiermachee oder Stoff), die nicht so leicht dauerhaft gemarkt werden konnten. Daher ist ein großer Teil der Puppen aus der Zeit vor 1890 überhaupt nicht gemarkt. 1891 wurde in den Vereinigten Staaten für alle Importwaren die Kennzeichnung des Ursprungslandes gesetzlich vorgeschrieben. Da nun die damals in Europa und Asien hergestellten Puppen überwiegend für Amerika bestimmt waren, kann der Sammler heute solche

Puppen aus der Zeit nach 1891 besser identifizieren. Das Gesetz ließ jedoch allerhand Auslegungen zu. Mitunter waren nur die Verpackungen, nicht aber die Puppen gemarkt, oder die Kenzeichnung erfolgte in Form eines Aufklebers oder Anhängers (eine «Markierung», die leicht im Lauf der Jahre unkenntlich werden oder ganz verschwinden konnte).

Schwierig wird die Identifizierung von Puppen u. a. dadurch, daß die Marken kaum Gemeinsamkeiten aufweisen – weder in der Ausführung noch in der Art oder Stelle ihrer Anbringung. Beim Durchblättern dieses Buchs wird man feststellen, daß Marken jeder Form und Art auftauchen, von einfachen Initialen über Ziffern, Namen und Begriffe bis zu Figuren und Symbolen und zu Kombinationen daraus. Marken können sich auf dem Hinterkopf befinden (oft durch eine Perücke verdeckt), auf der Schulterplatte, auf Brust oder Rücken und sogar auf der Fußsohle. Sie können in das Material eingeritzt oder graviert sein oder als Relief, Stempel, Etikett, Aufkleber oder Anhänger erscheinen. Häufig trägt eine Puppe mehrere unzusammenhängende Marken, da nur wenige Hersteller sowohl Köpfe als auch Körper anfertigten, sondern aus Rationalisierungsgründen eines von beiden von anderen Firmen bezogen. Viele Betriebe, z. B. Simon & Halbig, Armand Marseille und Hertel, Schwab lieferten hauptsächlich Köpfe für andere Fabriken; in solchen Fällen findet man oft auf ein und derselben Puppe die Marke der Porzellanfabrik zusammen mit der Marke des Kopfherstellers.

Das alles mag einem Anfänger recht kompliziert vorkommen, ist aber kein Grund zur Verzweiflung. Dieses Buch ist so angelegt, daß die gesuchten Marken ohne große Schwierigkeiten aufzufinden sind. Der erste Teil enthält Hersteller und Händler in alphabetischer Reihenfolge sowie ggf. verwendete Handelsnamen und Bezeichnungen. (Künstler sind hier nur aufgeführt, wenn ihre eigenen Marken auf den von ihnen entworfenen Puppen erscheinen.) Darüber hinaus enthält das Buch am Schluß sechs Verzeichnisse. Sie sollten, ganz gleich, wie sich die zu identifizierende Marke zusammensetzt, zunächst in diesen Verzeichnissen nachschlagen. Es handelt sich um alphabetische Register von Buchstaben, Initialen und Abkürzungen sowie von Namen und Bezeichnungen. Dazu gibt es ein numerisches Verzeichnis der Form-Nummern und eines der in Marken vorkommenden Daten. Ein weiteres Verzeichnis führt Künstler auf, die einige der schönsten Puppen entworfen haben, jedoch überhaupt nichts mit deren Herstellung zu tun hatten. (Nicht identifizierte Marken sind in diesem Buch *nicht* enthalten, da es ja dem Sammler in erster Linie zur eindeutigen Zuordnung seiner Puppen dienen soll.)

Man bedenke, daß es den Rahmen dieses einbändigen Werks gesprengt hätte, wenn jede jemals von irgendeinem amerikanischen, europäischen oder asiatischen Hersteller zwischen 1840 und 1940 verwendete Marke erfaßt worden wäre. Es wurden nur solche Marken aufgenommen, die für den jeweili-

D.R.G.M.
357 529

gen Hersteller *repräsentativ* sind; dazu kommen weitere Informationen (z. B. bekannte Form-Nummern, Varianten von Initialen oder Namen und verwendetes Material), die zur Identifizierung einer antiken Puppe unabdingbar sind.

Der erfahrene Sammler kennt den wichtigen Unterschied zwischen einer Form-Nummer und einer Größen- oder Patentnummer. Eine Patentnummer ist leicht zu erkennen. Zumeist steht vor der mehrstelligen Zahl *D.R.G.M.* (Deutsches Reichsgebrauchsmuster). Die abgebildete Marke von Armand Marseille weist neben den Firmen-Kennzeichnungen sowohl eine Form-Nummer als auch eine Größenangabe auf. Größenangaben sind wie hier für

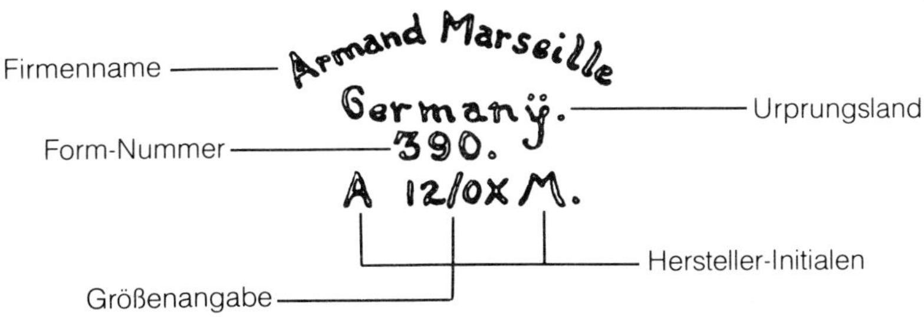

gewöhnlich ein- oder zweistellige Zahlen, häufig mit Bruchziffern und/oder Buchstaben. (Größen und Patentnummern sind im Ziffernverzeichnis dieses Buchs *nicht* enthalten.)

Eine bestimmte Form-Nummer kann zwar von einer Firma in einem bestimmten Jahr eingeführt worden sein, die Form wurde jedoch danach über Jahre hinweg benutzt; eine Puppe ist deshalb allein anhand der Form-Nummer kaum eindeutig zu datieren. Das gilt auch für Handelsnamen: Das Datum der Einführung eines bestimmten Puppennamens ist angegeben, darf aber nicht mit dem Herstellungsdatum gleichgesetzt werden. Daten könen nur ungefähr sein, da vielfach ein und dieselbe Puppe in mehreren Ländern angemeldet wurde, jedoch nicht unbedingt im gleichen Jahr.

Wer keine Fremdsprachen beherrscht, stößt auf ein weiteres Problem, da viele Puppen in der Sprache ihres Herkunftslandes bzw., soweit sie für den Export nach Amerika bestimmt waren, in Englisch gemarkt sind. Einige häufig auftauchende Begriffe aus dem Englischen sind:

design patent – Geschmacksmuster
eyelashes – Wimpern

registered – eingetragen
registered design – Gebrauchsmuster
trademark – Fabrikmarke, Schutzmarke, Warenzeichen
wooden composition – Holzmasse

Häufiger vorkommende Begriffe aus dem Französischen:

Breveté (oder **Bté.**) – Patent
Déposé (oder **Dep.**) – eingetragen
Fabrication française – in Frankreich hergestellt
Jouet – Spielzeug
Marque déposée – eingetragenes Warenzeichen
Medaille d'or – Goldmedaille
Poupée – Puppe

Die Firmennamen sind im allgemeinen in der Originalsprache aufgeführt. Das Kürzel *Cie.* in französischen Firmennamen steht für *Compagny* (Gesellschaft), *Co.* (*Company*) in amerikanischen.

Die grundlegenden Fakten, die dieses Buch aufführt, lassen sicherlich die Identifizierung der meisten antiken Puppen zu. Wer sich für weitere Sammlerliteratur über Puppen, Teddybären und Spielzeug interessiert, findet im *Verlag Laterna magica, Stridbeckstraße 48, 8000 München 71,* eine gute Adresse; siehe auch das Literaturverzeichnis im Anhang.

Wie schon Ecclesiastes sagt, «hat es kein Ende mit dem Bücherschreiben». Dieses Buch macht hier keine Ausnahme. Eine Neuauflage wird zweifellos eines Tages zahlreiche neue Marken enthalten, die, heute noch ein ungelöstes Rätsel, morgen schon von Sammlern identifiziert sein werden. Einstweilen freue ich mich, meinen Dank abstatten zu können an die Herausgeber Vicky Brooks und Martin Greif für ihre begeisterte Hilfe und Förderung und an die Zeichner John Fox, Lisa Magaz und Frank Mahood, deren Kunst die Wiedergabe all der vielen Marken in solcher Präzision erst ermöglicht hat.

A

A la Poupée de Nuremberg

Paris

Puppendamen aus Holz oder Ziegenleder, die diese Firma Ende der 1860er Jahre verkaufte, trugen Etiketten wie abgebildet.

A LA POUPÉE DE NUREMBERG
21 RUE de CHOISEUL
LAVALLÉE-PERONNE
TROUSSEAUX COMPLETS
REPARATIONS
PARIS

Abraham & Straus

Brooklyn, New York

Die 1903 gegründete amerikanische Einzelhandelsfirma besteht noch heute. Sie vertrieb verschiedenartigste Puppen. 1906 wurde **Baby Violet** als Warenzeichen eingetragen.

Emma E. Adams

Oswego, New York

1891 begannen Emma Adams und ihre Schwester Marietta mit der Herstellung von watte- und sägemehlgefüllten Weichpuppen. Die von Marshall Field vertriebenen Puppen variierten von Babypuppen bis zu Puppenbuben und -mädchen. Jede trug den abgebildeten Stempel. Haare und Gesicht waren handgemalt. Nach Emma Adams' Tod (nach 1900) wurde in den Stempel Mariettas Ehename Ruttan eingefügt.

COLUMBIAN DOLL
EMMA E. ADAMS
OSWEGO
N.Y.

THE COLUMBIAN DOLL
MANUFACTURED BY
MARIETTA ADAMS RUTTAN
OSWEGO, N.Y.

Älteste Volkstedter Porzellanfabrik

(siehe Rudolph Heinz & Co.)

Aich, Menzel & Co.

Aich, Böhmen

Seit ihrer Gründung, 1848, ging diese Porzellanfabrik durch mehrere Hände; Leiter waren u.a. 1870 M. J. Möhling, 1893 A. C. Anger und 1910 Ludwig Engel. Den o.a. Namen erhielt die Firma 1918, als sie die Herstellung von Puppenköpfen aufnahm.

M. & Co. A P.

1904-13
A e. M
Made in Austria

Frederic Aldis

London

Sein Firmenzeichen weist Aldis als Puppenlieferanten (Inland u. Import) aus. Der 1878 gegründete Betrieb stellte auch selbst Puppen und Puppenkörper her. Einige seiner Schöpfungen trugen Wachsköpfe von Pierotti.

DOLLS TOYS & GAMES
F. ALDIS
11 & 13
BELGRAVE MANSIONS S.W.

Alexander Doll Co.

New York City

Die Puppen von Beatrice Alexander Behrman und der Alexander Doll Company sind heute bei Sammlern so beliebt, daß schon ganze Bücher darüber verfaßt wurden. Diese Beliebtheit hat zwei Gründe: nach amerikanischen Maßstäben haben die Puppen relativ hohe Qualität und viele verraten ein gutes Gespür für jeweils Aktuelles. Madame Alexander kam um 1930 auf die Idee, Porträtpuppen nach lebenden oder literarischen Vorbildern anzufertigen, die jeweils als typisch für eine Epoche gelten konnten, darunter **Dionne Quintuplets, Jane Withers, Sonja Henie** und **Scarlett O'Hara.** Die ersten Weichpuppen von Madame Alexander stammen von 1920 und verkörperten u.a. Publikumslieblinge wie **Meg, Jo, Beth** und **Amy** aus *Little Women,* **Alice im Wunderland** und zahlreiche Figuren aus Romanen von Dickens.

Für den Sammler ist weniger das Aufspüren solcher Puppen ein Problem als ihre zweifelsfreie Identifizierung, da viele der Alexander-Puppen nicht dauerhaft gemarkt sind, sondern nur mit Anhängern am Handgelenk und/oder Stoffetiketten an den Kleidern auf den Markt kamen. Einige, z.B. **Princess Elizabeth**, sind anhand eines Kreuzes im Kreis auf dem Kopf zu identifizieren; andere tragen Stempel **Alexander** oder **Mme Alexander** auf Kopf oder Körper. **Hänsel und Gretel, Rip van Winkle** und andere von Tony Sarg für Alexander entworfene Marionetten sind auf dem Kopf mit **Tony Sarg** gemarkt. Nachstehend eine Auswahl der Charakterpuppen, die die Firma zwischen 1920 und 1940 herausbrachte:

Agnes (1934)
Amy (1923)
Beth (1923)
David Copperfield (1924)
Dionne Quintuplets (1935)
Dopey (1938)
Kate Greenaway (1938)
Hänsel und Gretel (1934)
Sonja Henie (1939)
Jo (1923)
Little Colonel (1935 – siehe Abb.)
Little Emily (1924)
Little Nell (1924)
Little Shaver (1934)
Lollie, the «Lov-le-Tex» Rubber Doll (1941)
McGuffey Ana (1937)
Meg (1923)
Scarlett O'Hara (1940)
Princess Elizabeth (1937)
Red Cross Nurse (1917)
Rip van Winkle (1934)
The Three Little Pigs (1933)
Tiny Tim (1924)
Oliver Twist (1924)
Jeannie Walker (1941)
Wendy-Ann (um 1936)
Jane Withers (1937)

LITTLE COLONEL

Henri Alexandre

Paris

Die kurzlebige Firma Alexandre nannte sich nach dem Designer der **Bébé Phénix** Puppen, die in einigen Dutzend Modellen anfangs (1889) von Alexandre und später von einer Firma Tourell hergestellt wurden, die 1895 mit Jules Steiner fusionierte.

Alt, Beck & Gottschalck

Nauendorf

1854 als «Porzellanfabrik von Alt» gegründet, ist diese Firma vor allem als Hersteller von verschiedensten Biskuitköpfen und Bisquitporzellan-Puppen bekannt. Sie gehört zu den deutschen Firmen, die George Borgfeldt als Lieferanten von Köpfen für Grave Storey Putnams ab 1920 überaus erfolgreiche Bye-Lo's rekrutierte, stellte jedoch auch eigene ansprechende Charakterpuppen her. Das Warenzeichen der Firma erscheint auf Borgfeldts Bonnie Babe wie auch auf Puppen eigener Herstellung, darunter eine Serie Nanking-Puppen vom Anfang des 20. Jahrhunderts. Alt, Beck & Gottschalck fertigte auch Biskuit-Versionen von einigen Puppen der amerikanischen Designerin Jeanne Orsini an (Marke: siehe unter Orsini). Die Marke **Albego** findet sich auf Puppen von 1930 bis 1940.

Formennummern von Alt Beck & Gottschalck: 128, 129, 138, 222, 639, 696, 698, 772, 784, 866, 867, 868, 869, 870, 880, 890, 894, 974, 979, 1000, 1008, 1020,

1024, 1026, 1028, 1044, 1046, 1056, 1062, 1064, 1086, 1092, 1121, 1123, 1142, 1152, 1153, 1170, 1171, 1172, 1173, 1174, 1175, 1176, 1177, 1210, 1222, 1226, 1234, 1235, 1236, 1237, 1250, 1254, 1260, 1261, 1268, 1269, 1270, 1271, 1279, 1288, 1290, 1291, 1321, 1322, 1326, 1342, 1346, 1352, 1353, 1357, 1358, 1360, 1361, 1362, 1366, 1367, 1368, 1373, 1376, 1402 und 1432.

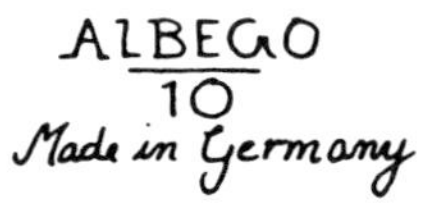

Althof, Bergmann & Co.

New York City

Die 1848 gegründete Firma Althof, Bergmann war vielleicht der bekannteste und erfolgreichste Spielwarenimporteur. Das Geschäft entwickelte sich und galt ab 1880 als eines der größten Spielwarenunternehmen des Landes. Die Waren wurden größtenteils aus Frankreich, Deutschland, England und China importiert, doch stellte die Firma auch ein eigenes Sortiment mechanischer Puppen her, die wegen ihrer lebensechten Bewegungen Beifall fanden. Die Eintragung des Warenzeichens **A.B.C.** erfolgte 1881.

Louis Amberg & Son

Cincinnati und New York City

Die 1878 als Puppen-Import und -Handelsunternehmen gegründete Firma Louis Amberg & Son nahm ab 1903 die Produktion eigener Composition-Puppen auf, setzte aber dabei den Ankauf von Puppen anderer amerikanischer und europäischer Hersteller fort. Die Firma hatte insbesondere in den 20er Jahren ein enormes Sortiment. Nach Ausbruch des I. Weltkriegs (1914) setzte Amberg die Slogans **American Dolls for Americans** und **The American Standard** zu intensiver Werbung ein, während die Lieferungen aus Europa knapper wurden. Amberg verkaufte seine Puppen unter zahlreichen Bezeichnungen, u.a.:

Amberg's Walking Doll (1919)
Ambisc (1915)
Amkid (1918)
Anniversary Baby (1924)
Baby Beautiful Dolls (1910)
Baby Boy, Model Number 1 (1911)
Baby Bright Eyes (1911)
Baby Glee (1915)
Baby Peggy (Baby Peggy The Nation's Darling (1923)
Baby Tufums (siehe Abb.)
Baseball Boy (1913)
Beach Boy, Beach Girl (1915)
Bobby (1910)
Bobby Blake (1911)
Boy with Cap, Model No. 12 (1911)
Bright Eyes (1912)
Brother, Model Nr. 2 (1911)
Buster Boy (1911)
Charlie Chaplin (1915 – siehe Marke)
Clownie (1911)
College Kids (1912)
Cry Baby Bunting (1911)

Curly Locks (1911)
Daffydils (1912)
Dickie (1911)
Dixie Mascot (1911)
Dolly Drake (1911)
Dolly (1910)
Dorothy Dainty (1911 – siehe Marke von 1911)
Dorothy Deer (1912)
Dutch Boy, Dutch Girl (1911)
The Educational Doll (1916)
The Faun (1912)
Fine Baby (1917)
First Steps (1916)
Florodora Sextet (1912)
Freshie (1921)
Girls with the Curl (1912)
Goody Goody (1915)
Hail Columbia (1913)
Harem Skirt Doll (1911)
Head of Baby (1921)
Head of Little Girl (undatiert)
Hiawatha (1911)
Honey Boy (1911)
I Walk – I Talk – I Sleep (1903)
Jack Tar (1914)
Jim Dandy (1914)
John Bunny Doll (1914)
Johnny Jones (1912)
Koaster Kid (1913)
Laughing Boy (1911)
Laughing Marietta (1912)
Little Bo-Peep (1912)
Little Boy Blue (1911)
Little Brother (1911)
Little Cherub (1915)
Little Fairy (1911)
Little Lord Fauntleroy (1911)
Little Red Riding Hood (1911)
Little Sister (1911)
Little Stranger (1912)
Little Sweetheart (1913)
Lucky Bill (1909)
Mama I'm Awake Baby (1919)
Marie Doll (1911)
Mibs (1921 – siehe Marke von 1921)
Middy Boy, Middy Girl (1912)
Mildred Mine (Mildred) (1911)
Minnehaha (1911)
Miss Broadway (1912)
Miss Simplicity (1912)
My Best Friend (1911)
Nature Children (1921)
New Born [Nuborn] Babe (1914 – siehe Marke von 1914)
Nibsie (1924)
Oliver Twist (1914)
Oo-Gug-Luk (1915)
Papa-Mama Doll (1903)
Patty-Cake (1925)
Peg O'My Heart (1914)
Pollyanna, The Glad Doll (1916)
Pouting Tots (1914)
Pudgie (1915)
Rainbow Dolls (1915)
Rosebud (1910)
Sassy Sue (1911)
School Boy, School Girl (1911)
School Boy with Cap (1911)
Sis Hopkins (1911 – siehe Marke)
Sister, Model No. 4 (1911)
Skookum, The Bully Kiddo (1916)
Soldier Boy (1914)
Span (1911))
Spearmint Kiddo (1912)
Spic (1911)
Sunny Jim (1909)
Sunny Orange Blossom (1924)
Swat Mulligan (1911)
Sweetheart (1915)
Tango Tots (1914)
Tiny Tads (1912)
Tiny Tots (1913)
Truest-to-Life (1913)
Twilite Baby (1915)
Vanta Baby (um 1920 – siehe Marke)
Victory Doll (1917 – siehe Marke)
Whistling Willie (1914)
The Wonder Baby (1913)
The World Standard (1918) [Werbespruch auf dem Kopf]
Yankee Doodle (1912)

Baby Tufums
LA&S
107
Germany

CHARLIE CHAPLIN DOLL
WORLD'S GREATEST COMEDIAN
MADE EXCLUSIVELY BY LOUIS AMBERG & SON, N.Y.
by SPECIAL ARRANGEMENT WITH ESSANAY FILM CO.

L.A.S. ©
414
1911

©
LA&S 1921
Germany

© L.A.& S. 1914
#G 45520
Germany #4

S12 HOPKINS

Vanta Baby
LA&S. 3/0 D.R.G.M.
Germany

AMBERG'S
VICTORY
DOLL

LA&S
RA 241 5/0
GERMANY

GERMANY
A-R
LA&S 886.2

LA&S
RA 247/5/0
Germany

GERMANY
A-R
LA&S 886.2

American Bisque Doll Co.

Newark, New Jersey

American Bisque Doll Co.

Chicago

Beide Puppenfabriken wurden 1919 gegründet. Es steht nicht genau fest, wer die hier abgebildete Marke benutzte, allerdings dürfte das Wahrzeichen der Firma aus New Jersey eine Rose mit den Worten **American Beauty Doll** darüber enthalten haben. Die Firma in Chicago stellte auch eine Puppe mit der Bezeichnung **Romper Boy** her (1920).

ABD Co
USA

American Character Doll Co.

New York City

Das hier abgebildete Warenzeichen **Petite** fand bei einer Serie von Charakterbabys aus Composition Anwendung, die von der Firma American Character Doll Co. Anfang der 1920er Jahre hergestellt wurden. Die Puppen hatten u.a. Namen wie **Teenie Weenie** und **Walkie, Talkie, Sleepie.** Weitere Kinder- und Babypuppen aus derselben Zeit: **Baby's Pal, Baby's Joy** und **Baby's Playmate.** Als **Aceedeecee Doll** (1920) wurden die Holzfaser-Composition-Puppen dieser Firma bezeichnet. Neu zum Petite-Sortiment gekommene Typen erhielten das Hufeisen-Warenzeichen, darunter **Sally** (1930), **Sally Joy** (1931) und **Toodles** (1931).

PETITE
AMER.CHAR. DOLL C°

"Can't Break 'Em" DOLLS

The American Doll

New York City

Dieses Firmenzeichen wurde 1939 für Mary Haskell Lakopolanska eingetragen.

MADE IN USA BETSEY ROSS DESIGN CREATED BY
THE AMERICAN DOLL
NEW YORK CITY

American Made Toy Co.

Brooklyn und New York City

Die Stoffpuppenfirma im Besitz von Louis I. Bloom ließ ihr Warenzeichen 1929 eintragen.

American Stuffed Novelty Co.

New York City

Das Puppensortiment **Life Like Line** der American Stuffed Novelty Co. (ab 1924) wurde von Edwin A. Besser, Borgfeldt und Louis Wolf & Co. vertrieben. Die Puppen waren mit Watte gestopft, die Gesichter handgemalt. Die Puppen gelangten u.a. unter folgenden Bezeichnungen (ab 1925) in den Handel: **The Co-Ed Flapper, Flapper, King's Jester, Pierrot und Pierette, Trilby.**

LIFE
LIKE
LINE

Anchor Toy Corp.

New York City

Die 1924 gegründete amerikanische Spielwaren-Importfirma handelte hauptsächlich mit Puppen deutscher und französischer Hersteller. Das Anker-Warenzeichen gibt daher wenig Aufschluß über die Herkunft oder den Hersteller der Puppen.

Félix Arena

Paris

Mignon wurde 1918 von Félix Arena als Warenzeichen eingetragen. Es kann als sicher gelten, daß viele seiner Puppenköpfe für ihn in Deutschland hergestellt wurden.

Germany
Mignon

MIGNON

Max Oscar Arnold

Neustadt

Die 1878 gegründete Firma von Max Oscar Arnold wurde zunächst durch mechanische Puppen bekannt. Erst gegen Ende der 1920er Jahre erhielt Arnold Patente für ein Sortiment sprechender Puppen, darunter eine mit der Bezeichnung **Arnola** oder **Arnoldia** und der Nummer 54/14. Der Hersteller des Kopfes konnte nicht zweifelsfrei ermittelt werden. Arnolds mit seinen Initialen in achtzackigem Stern gemarkte Biskuitköpfe stammen vom Anfang der 20er Jahre; die meisten dürften für Welsch & Co. in Sonneberg produziert worden sein.

M.O.A.
SCHUTZ-MARKE

MOA
150
Made in Germany
Welsch
9/0

Arnold Print Works

North Adams, Massachusetts

Diese 1876 gegründete Textilfabrik entwickelte sich zu einem der größten Lieferanten für bedruckte Stoffe in Amerika. Sie war auch als Hersteller beliebter Ausschneidemuster bekannt, die ausgeschnitten, zusammengenäht und gestopft einige putzige Knuddelfiguren ergaben. Die farbigen Muster waren auf weiße Baumwolle gedruckt; auf dem Druckstoff befand sich auch das Firmenzeichen, jedoch außerhalb der Schnittmuster. Entwürfe von Celia M. und Charity Smith wurden in Stoffdruck übertragen, ebenso die **Brownies** von Palmer Cox (1892), die so beliebt wurden, daß vermutlich die Brownie-Kamera von Kodak nach ihnen benannt wurde. (Cox' Copyright befand sich der Fußsohle.) Zu den Schöpfungen von Celia Smith, die ab 1893 produziert wurden, gehören **Columbia Sailor Boy, Little Red Riding Hood** (Rotkäppchen), **Our Soldier Boys, Pickaninny, Pitti-Sing und Topsy**. Die Puppen wurden von Selchow & Righter vertrieben.

ARNOLD PRINT WORKS
INCORPORATED
1876
NORTH ADAMS, MASS.

Copyrighted. 1892
by PALMER COX

Arranbee Doll Co.

New York City

Die 1922 gegründete Firma Arranbee trat als Importeur von Puppenteilen auf, die von ihr zusammengebaut wurden. Ihr beiweitem erfolgreichstes Angebot war **My Dream Baby** (1924 – auch einfach als **Dream Baby** bekannt), dessen Biskuitkopf von Armand Marseille eine direkte Konkurrenz zu Grace Storey Putnams gefeiertem Bye-Lo war. Darüber hinaus ließ Arranbee eine Anzahl Schutzmarken eintragen, u.a. **Cherrie Historical Portrait Dolls** (1938), **Kurly Head** (1930), **Little Angel** (1940) und **Nancy** (1930).

R&B

Germany
ARRANBEE

NANCY
ARRANBEE DOLLS

KURLY HEAD
ARRANBEE DOLL CO.

CHERRIE Historical Portrait DOLLS

LITTLE ANGEL

R&B
ARRANBEE DOLLS
NANCY'S WARDROBE
ALLWOOD
TRUNK

Art Fabric Mills

New York City

Etwas später (1899) gegründet als ihre Hauptkonkurrenz Arnold Print Works, produzierte diese Textilfirma eine Anzahl vielfarbiger Druckmuster für Stoffpuppen. Auf die eine Fußsohle war im allgemeinen der Firmenname aufgedruckt, auf die andere das Wort «pat» mit Datum (der Patenterteilung, nicht der Entstehungszeit). **Life Size Dolls**, der bekannteste Entwurf von Art Fabrics, wurde am 13. Februar 1900 patentiert. Einige weitere Handelsnamen:

Baby (1907)
Billy (1907)
Bridget (1907)
Diana (1907)
Dolly Dimple (1909)
Foxy Grandpa (1905)
Newly Wed Kid (1907)
Tiny Tim (1909)
Topsy (1900)
Uncle (1907)

PAT. FEB. 13, 1900

The Art Metal Works

Newark, New Jersey

Die vor allem durch ihre Mama-Puppe **I Talk** (1914) bekannte Firma The Art Metal Works wurde 1914 gegründet und fusionierte 1924 mit anderen Betrieben zur Firma Voices Inc. Zu den von der ursprünglichen Firma hergestellten Metallpuppen gehört das **Treat 'Em Rough Kiddie** (1919) aus bedrucktem Messingblech mit geprägtem, email-lackiertem Gesicht.

Au Nain Bleu

Paris

In der zweiten Hälfte des 19. Jahrhunderts verkaufte die Firma Au Nain Bleu französische und deutsche Biskuitkopf-Puppen, die normalerweise die abgebildete Marke trugen. Anfang der 20er Jahre vertrieb diese Firma auch Puppen von S.F.B.J. mit der Marke **Unis France**. Es ist nicht bekannt, ob der Name «E. Chauviere» in der Marke auf eine Firma Chauviere deutet, die sich in Paris von 1848 bis gegen des Ende des Jahrhunderts im Puppengeschäft betätigte.

AU NAIN BLEU
E. CHAUVIERE
Boul^d des Capucines. 27
PARIS

Au Paradis des Enfants

Paris

Als großer Spielwaren- und Puppenhändler verkaufte die 1873 gegründete Firma Produkte deutscher und französischer Puppenhersteller. Von Au Paradis des Enfants sind die beiden abgebildeten Marken bekannt.

AU PARADIS DES ENFANTS
PERREAU FILS
156 R. RIVOLI. R. DU LOUVRE 1.

AU PARADIS DES ENFANTS
MON. RÉMOND
156 Rue de Rivoli 156

Au Perroquet Cie.

Paris

Eintrag der Schutzmarke **La Négresse Blonde** für Puppen erfolgte 1924.

LA NÉGRESSE BLONDE

Virginia Stowe Austin

Los Angeles

Eintrag der Schutzmarke **Clippo** für Puppen erfolgte 1937.

Aux Rêves de l'Enfance

Paris

Die um 1870 gegründete Firma Aux Rêves de l'Enfance handelte mit Biskuitkopf- und Ziegenlederpuppen. Marken wie die hier abgebildeten waren normalerweise auf Brust oder Bauch der Puppen angebracht.

Averill Manufacturing Co.

New York City

Averill Manufacturing, die erste Firma, die bekanntermaßen die beliebten Entwürfe von Madame Georgene Averill produzierte und vertrieb, war anfangs (um 1915) ein Familienbetrieb unter der Leitung von G. Averills Ehemann und Bruder. Zwar verwendte die Firma auch andere Entwürfe (z.B. von Grace Drayton), doch erlangten die größte Beliebtheit die Schöpfungen von Mrs. Averill selbst: **Madame Hendren** und **Life-Like**, später eingetragen als **Lyf-Lyk**. Zu Averill Manufacturing gehören u.a. die folgenden Schutzmarken (wobei «Madame Hendren» in den Marken am häufigsten erscheint):

Baby Booful (1920)
Baby Brite (1924)
Baby Darling (1918)
Baby Dingle (1924)
Baby Virginia (1917)
Buddy Boy (1920)
Chocolate Drop (1923)
Cowboy (1916)
David (1918)
Dolly Dingle (1923)
Dolly Reckord (1922)
Gold Medal Baby (1924)
Gretchen (1916)
Halloween Dolls (1916)
Happy Cry (1924)
Indian Maid (1916)
Janie (1920)
Life-Like (1917)
Madam(e) Hendren (1915 – siehe Marke; Kreismarke 1 eingetragen 1922)
Madame Hendren's Life-Like Mama-Dolls (1918)
Mama Doll (1918)
Mi-Baby (1924)
Miss U.S.A. (1917)
Neutrality Jim (1916)
Peggy (1920)
Pharaoh (1923)
Polly (1920)
Preparedness Kids (1916)
Princess Angeline (1917)
Rock-a-Bye Baby (1920)
St. Patrick (1922)
Sis (1924)
Softanlite (1921)
Soldier Boys (1916)
Sonny (1920)
Turtle Brand (1916)
U-Shab-Ti (1923)
Uncle Sam Jr. (1917)
Virginia Dare (1917)

Laut Dorothy Coleman verließen die Averills Anfang der 20er Jahre die Averill Manufacturing Co. und gründeten eine neue Firma, Madame Georgene Inc., die als Groß- und Einzelhändler auftrat. Die beliebtesten Puppen von Georgene Averill verblieben bei Averill Manufacturing; von der Firma Madame Georgene wurden neue Typen eingeführt, darunter **Wonder Mama Dolls** (1922). Noch unübersichtlicher wird Averill durch Colemans Nachweis einer dritten Firma, Paul Averill Inc. (1920–24), die Puppen nach Entwürfen von Georgene Averill hergestellt und vertrieben haben soll. Möglicherweise wurde nach 1920 die Paul Averill Inc. der Produktionszweig der talentierten Familie, während sich die Madame Georgene Inc. mit dem Vertrieb befaßte. Georgene Averill ließ nach 1920 mehrere Schutzmarken eintragen, darunter **Mak-a-Doll** (1920). Jedenfalls warb die Madame Georgene Inc. Anfang der 20er Jahre für eine Anzahl Puppen, u.a. **Betty** (1920), **Billy** (oder **Billie**) **Boy** (1920), **Master Bubbles** (1922), **Mistress Bubbles** (1922), **Wonder** (eingetragen 1923, seit 1920 verwendet) und **Wonder Mama Dolls** (1922).

B

Babs Mfg. Corp.

Philadelphia

Ließ 1919 eine nichtmechanische Laufpuppe patentieren.

Baby Phyllis Doll Co.

Brooklyn, New York

Die deutsche Porzellanfabrik Armand Marseille lieferte ab ca. 1925 Biskuitköpfe für das Puppensortiment **Baby Phyllis** dieser Firma; daher der Hinweis auf deutsche Herkunft in der Marke. Darüber hinaus gab es das 1919 begonnene Sortiment **Baby Phyllis Mama Doll** mit Puppenkindern und Puppenleuten; es wurde u.a. von J. Bouton & Co. vertrieben.

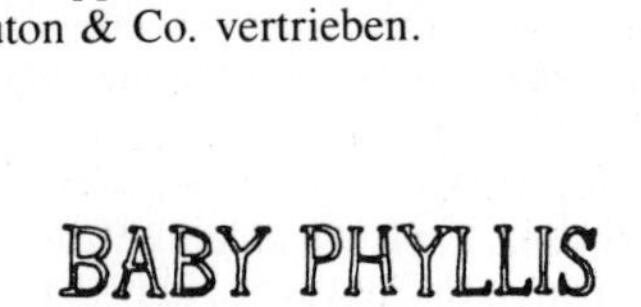

Bähr & Pröschild

Ohrdruf/Thüringen

Die 1871 gegründete Porzellanfabrik Bähr & Pröschild stellte Biskuit- und Zelluloidpuppen her, darunter die ganz aus Biskuitporzellan bestehenden «Badepuppen», die Ende des 19. Jahrhunderts sehr beliebt waren. Außer an den hier abgebildeten Warenzeichen der Firma lassen sich ihre Puppen zuweilen auch an den hochgezogenen Augenbrauen identifizieren, die eher für orientalische als für angelsächsische Gesichter typisch sind.

Formennummern von Bähr & Pröschild: 201, 204, 207, 209, 212, 213, 217, 219, 220, 224, 225, 226, 227, 230, 239, 244, 245, 247, 248, 251, 252, 253, 259, 260, 261, 263, 264, 265, 269, 270, 273, 275, 277, 278, 281, 283, 285, 287, 289, 292, 297, 300, 302, 305, 306, 309, 313, 320, 321, 322, 323, 324, 325, 330, 340, 342, 343, 348, 350, 374, 375, 376, 378, 379, 380, 381, 389, 390, 393, 394, 424, 425, 441, 482, 499, 500, 520, 525, 526, 529, 531, 535, 536, 537/2 033, 539/2 023, 541, 546, 549, 554, 557, 568, 571, 581, 584, 585, 600, 604, 619, 624, 640, 641, 642, 643, 644, 645, 646, 678, 707 und 799.

Die Datierung von Bähr & Pröschild-Köpfen fällt relativ leicht. Die Firma verwendete ab etwa 1895 die Initialen **BP**. Um die Jahrhundertwende enthielt die Marke **gekreuzte Schwerter**. Um 1919 kam das

Herz in Gebrauch (nach dem Aufkauf der Firma durch Bruno Schmidt, der diese Marke führte). Die Schutzmarke **Buporit** für Zelluloidpuppen wurde 1909 eingetragen.

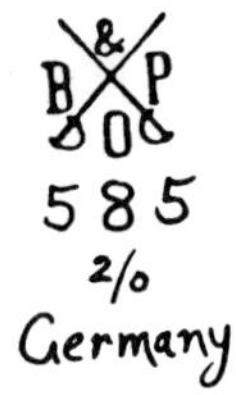

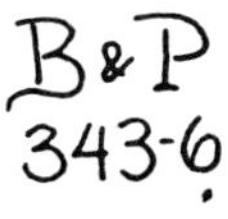

Baker & Bennett Company

New York City

Das Handels- und später auch Produktionsunternehmen Baker & Bennett wurde 1902 gegründet. Angeboten wurden u.a. die Puppen **The Spearmint Kid** (1915), **Zaiden** (1916) und **Killiblues** (1910); die letztere Bezeichnung fand mit den **Initialen BB** auch im Warenzeichen Verwendung.

Ernst Ballu

Paris

Puppenhandel, gegründet 1890. **Bébé Olga** wurde 1890 als Warenzeichen für eine unzerbrechliche Babypuppe eingetragen.

BÉBÉ OLGA

BÉBÉ-OLGA

Martha Battle

Chattanooga, Tennessee

Eintrag der Schutzmarke **Evangeline** für Puppen 1937.

Bauer & Richter

Stadtroda

Die 1921 gegründete Firma Bauer & Richter verwendete keine besonderen Markungen für ihre Baby-, Kinder- und Mamapuppen aus Porzellan und Zelluloid. Es wurden jedoch 1922 mehrere Schutzmarken eingetragen, u.a. **Asador, Herzkäferchen** und **Mein kleiner Schlingel.**

Karl Baumann

Überlingen

Baumann-Puppen haben Composition-Körper, Biskuitköpfe und Schlafaugen. Einige um 1922 sind mit **KB-7½** gemarkt.

Emil Bauersachs

Sonneberg

Die differenzierte Marke von Emil Bauersachs erscheint auf Charakter-Babys mit Biskuitköpfen und Kugelgelenk-Körpern. Die 1882 gegründete Firma ließ fast 30 Jahre später den Namen **Caprice** als Schutzmarke für ihre Charakterpuppen eintragen.

Bawo & Dotter

Karlsbad, Böhmen

Wie viele Puppenfabriken wurde die Firma Bawo & Dotter zunächst als Porzellanfabrik gegründet (1838) und dürfte mit der Produktion von Puppen und Puppenteilen erst mehrere Jahrzehnte später begonnen haben. Die Firma gründete um 1860 eine Importfiliale in New York und 1872 ein Zweigwerk in Limoges. Die Marken von Bawo & Dotter erschienen auf Puppen mit Porzellan- und Biskuitköpfen; eingetragene Schutzmarken waren u.a. **Barclay Baby Belle** (1908) und **Baby Belle** (1906). Laut Dorothy Coleman zeigte die New Yorker Firma das Sortiment **Baby Belle** als in Waltershausen hergestellt an, obwohl nicht feststeht, ob sie dort ebenfalls eine Fabrik betrieb.

O
Pat.Dec. 7/80

B&D

B&D
Ltd

Bayerische Celluloidwarenfabrik

Nürnberg

Die 1897 gegründete Firma stellte Zelluloidpuppen her. 1926 wurden die Schutzmarken **Kleiner Spatz** und **Cleo** für zwei Charakterpuppen eingetragen.

Iris Beaumont

Berlin

1922 Eintragung des Warenzeichens **IB** für Künstlerpuppen, Teepüppchen, Charakterpuppen und Spielpuppen.

The Beaver Co.

Beaver Falls und Buffalo, New York; Ottawa und London

1916 Eintragung der Schutzmarken **Beaverbilt** und **Beaverbeast** für Holzpuppen.

BEAVERBILT

Richard Beck & Co.

Waltershausen

1903 warb die Firma für Lederpuppen, Kugelgelenkpuppen, Puppenköpfe aus Porzellan, Holz und Papiermachee sowie für verschiedene Puppenteile.

Henri Bellet
Paris

1919 Eintragung der Schutzmarke **Poupard Art** für Künstlerpuppen.

" POUPARD " ART

Belleville & Cie.
Paris

1920 Eintragung der Schutzmarke **Mystère** für Puppen, Puppenköpfe und Vorrichtungen für bewegliche Augen.

MYSTÈRE

Belton & Jumeau
(siehe Jumeau)

Erich von Berg
Steinbach

Von Erich v. Berg ist lediglich seine Marke bekannt und die Tatsache, daß er um 1930 in Deutschland gearbeitet hat.

Hermann von Berg
Köppelsdorf

Berg gründete seine Firma 1904 als Fabrik für Puppenperücken und -augen. Im weiteren Verlauf wurde die Produktion auf Zelluloid-Puppenköpfe und Gliederpuppen erweitert. Um 1922 stellte die Firma Leder- und Porzellankörper her und kündigte 1931 ein sprechendes Krabbelbaby **Habeka** an.

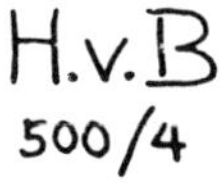

Sol Bergfeld & Son
New York City

Obwohl von Bergfeld keinerlei Marken oder Seriennummern bekannt sind, war der Ausstoß dieses amerikanischen Herstellers Mitte der 20er Jahre beeindruckend. Die von Borgfeldt vertriebenen Puppen stammten zumeist aus einem Sortiment namens **Storybook Line** (Märchenserie). Die ab 1925 eingeführten Bezeichnungen sind:

Babes in the Woods
Charlotte Doll (gehört nicht zur Serie)
Goldey Locks
Jack and Jill
Little Bo-Peep
Little Red Riding Hood (Rotkäppchen)
Mary and Her Garden
Mary and Her Little Lamb
Tom and the Pig

C. M. Bergmann
Waltershausen

Carl M. Bergmann lernte zwölf Jahre lang die Puppenmacherei bei verschiedenen Herstellern, bevor er 1889 seinen eigenen Betrieb gründete. Die Firma spezialisierte sich auf Composition-Körper mit Kugelgelenken, die Biskuitköpfe von Simon & Hal-

HALBIG
C.M.BERGMANN
S&H

S&H
C.M.B

big, Armand Marseille und anderen deutschen Herstellern trugen. Bergmanns Puppen wurden in den USA durch Louis Wolf vertrieben, der mehrere Schutzmarken von Bergmann in Amerika eintragen ließ, darunter **Cinderella Baby** (1892), **Baby Belle** (1913) und am bekanntesten **Columbia**, ein Sortiment von Ziegenleder- und Composition-Puppen, das 1904 eingeführt wurde.

Unter den von Simon & Halbig an Bergmann gelieferten Köpfen befinden sich solche mit den Marken Eleanore und Columbia und einer mit der Formennummer 615.

S. Bergmann Jr. & Co.

Neuhaus

Die 1920 gegründete Porzellanfabrik stellte Puppenköpfe her.

P
20/0
Germany
N

Carl Bergner

Sonneberg

Diese 1890 gegründete Fabrikation dürfte sich auf Puppen mit Wechselgesichtern spezialisiert haben. Das hier abgebildete einfache Warenzeichen findet sich auf vielen Puppenköpfen mit zwei oder drei Gesichtern aus der Jahrhundertwende; wahrscheinlich, jedoch nicht sicher, ist es die Marke Bergners. Eine eindeutig Bergner zugeschriebene Sprechpuppe ist mit **450 dep** gemarkt. Von Simon & Halbig stammen einige der zwei- und mehrgesichtigen Puppenköpfe.

C.B.

Rolf Berlich

Charlottenburg

Die Firma Rolf Berlich bestand seit 1920 und stellte Stoffpuppen und ausgestopfte Spielwaren her. Das kreisförmige Warenzeichen, eingetragen 1923, hing als Bleisiegel an der Puppenhand.

Jacques Berner

Paris

Produzierte 1888 das **Bébé Moujik** (russ. Bauernpuppe). Die abgebildete Marke war auf der Verpackung angebracht.

Bernheim & Kahn

Paris

Die abgebildeten Marken **Etoile Bébé** und **Bébé Mondain** sind Varianten, die Bernheim

& Kahn für ihre Pariser Bébés um 1904 benutzten. Die Marke **Etoile Bébé** ist gelegentlich auch von fünfzackigen Sternen flankiert.

ETOILE BÉBÉ

BÉBÉ MONDAIN

Julius Bernhold

Paris

1912 Eintragung der Schutzmarke **Nini Kaspa** für Künstlerpuppen aus Composition.

NINI KASPA

René Bertrand

Paris

1923 Eintragung der Schutzmarke **Gaby** für Puppen.

GABY

Bertoli Frères

Marseilles

Eintragung der Schutzmarke **Idéal Bébé** 1895. Leider weiß man nur wenig über die Puppe oder Puppen, an denen diese Marke zur Identifizierung verwendet wurde.

IDÉAL BÉBÉ

Bester Doll Manufacturing Co.

Bloomfield (und Newark), New Jersey

Vermutlich hat Bester eigens zum Vertrieb durch Morimura Brothers eine Puppe entworfen; der Großteil der Produktion wurde jedoch während des kurzen Bestehens der Firma (1919–21) direkt verkauft.

BESTER DOLL Cº
BLOOMFIELD

L. Bierer

Sonneberg und Fürth

Die 1845 gegründete Firma stellte noch in den 20er Jahren Puppen her, bezog jedoch vermutlich die Biskuitköpfe von Theodor Recknagel.

Fritz Bierschenk

(siehe E. Escher, Jr.)

Binder & Cie.

(siehe Sociètè Binder & Cie.)

Gebrüder Bing

Nürnberg

Die 1882 gegründeten späteren Bing-Werke (seit 1920 mit den Initialen als Markenzeichen) entwickelten sich zu einem der erfolgreichsten deutschen Spielwarenhersteller mit Zweigbetrieben in aller Welt. Außer der hier abgebideten Marke verwendete die Firma auch die Initialen **G.B.N** für ihre Vielzahl von Babypuppen, Puppenkindern und Puppendamen. Eingetragene Schutzmarken waren u.a. **Sunshine Girl**, **Sunshine Kid** und **Pitti-Bum**.

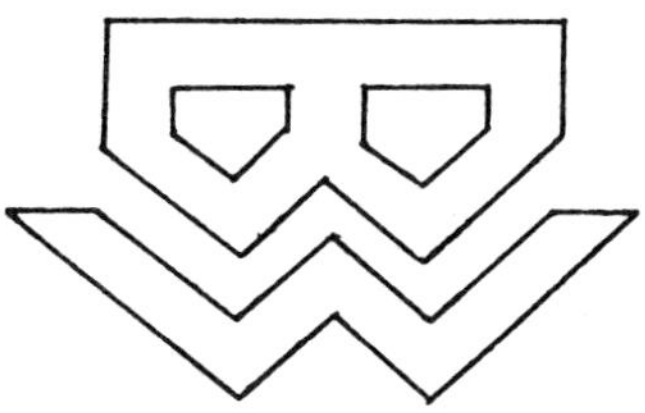

Bing Künstlerpuppen- und Stoffspielwarengesellschaft

Nürnberg

Die Firma wurde 1921 Teil des Bing-Konzerns, als die Gebrüder Bing die Fabrik von Albert Schlopsnies aufkauften; sie produzierte Künstlerpuppen, einige davon mit der abgebildeten Marke (1925). Die Firma ging 1932 in Konkurs.

John Bing Company

New York City

John Bing hatte die Alleinvertretung der Gebrüder Bing für Amerika und Kanada, trat aber auch als Agent für Kämmer & Reinhardt, Heinrich Handwerck und andere deutsche Firmen auf. Darüber hinaus bot die Firma Mitte der 20er Jahre auch amerikanische Puppen an.

Bing-Werke

(siehe Gebrüder Bing)

Bisc Novelty Manufacturing Co.

East Liverpool, Ohio

Diese Firma stellte als eine der ersten hochwertige Biskuit-Puppenköpfe ausschließlich aus amerikanischen Rohstoffen her. Der Name des Gründers und Designers **Ernst Reinhardt** erscheint in der Marke

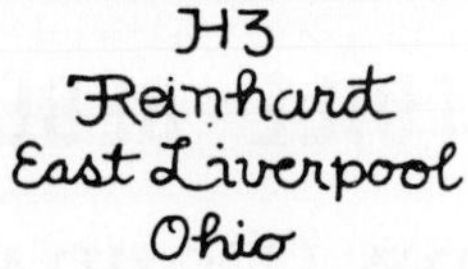

Blossom Products Corp.

Allentown, Pennsylvania

1936 Eintragung der Schutzmarke **Quints** für Puppen.

Ernst Bohne

Rudolstadt

Biskuitköpfe aus der Fabrik von Ernst Bohne sind an der abgebildeten Ankermarke zu erkennen sind, doch hat diese Firma womöglich ebenfalls die auch den französischen Firmen E. Balland Fils und Barrois zugeschriebenen Initialen **E.B.** verwendet.

Bonin & Lefort Cie.

Paris

1923 Eintragung der Schutzmarken **Gaby, Ninon, Select** und des abgebildeten runden Signets; 1927 Eintragung von **Joli Bébé** und **Mon Baby**.

NINON

SELECT

GABY

MON BABY

JOLI BÉBÉ

Claude Valéry Bonnal

Vincennes, Frankreich

Die Firma Bonnal wurde 1898 gegründet und befaßte sich ausschließlich mit der Herstellung von *bébés incassables* (unzerbrechlichen Babypuppen). Außer den abgebildeten Schutzmarken sind eingetragen: **Le Spécial, L'Unique** und **Le Radieux** (alle 1904).

BÉBÉ L'UNIQUE
BÉBÉ LE RADIEUX
BÉBÉ LE SPÉCIAL
BÉBÉ LE PETIT FRANÇAIS
BÉBÉ LE GLORIEUX

George Borgfeldt & Company

New York City

Georg Borgfeldt war ein talentierter Geschäftsmann und Unternehmer, dessen Firma für den Vertrieb von zwei der erfolgreichsten Puppen aller Zeiten verantwortlich ist: Rose O'Neills **Kewpie** und Grace Storey Putnams **Bye-Lo.** Er erkannte schon früh (um 1880), daß sich in Amerika beachtliche Marktchancen für deutsche und französische Puppen boten, und richtete Austellungsräume ein, in denen Muster der besten Puppen gezeigt wurden und Aufträge an Ort und Stelle erteilt werden konnten. Zwischen 1881 (als Borgfeldt seine Vertriebsfirma gründete) und 1887 hatte er solchen Erfolg, daß er nicht weniger als acht Zweigbetriebe in anderen Ländern einrichten konnte – davon drei in Deutschland. Borgfeldt arbeitete mit Simon & Halbig, Armand Marseille und anderen großen deutschen Firmen, mit denen er Produktionsverträge über Biskuitköpfe nach seinen Angaben schloß. Man ist sich darüber einig, daß die die Initialen **G.B.** neben der Herstellermarke in den Puppenköpfen diese Verbindungen ausweisen. Darüber hinaus trat Borgfeldt als Händler für viele amerikanische und japanische Hersteller auf, darunter auch Jeanne Orsini (siehe dort), eine amerikanische Puppenkünstlerin, deren Charakterpuppen während der 20er Jahre sehr beliebt waren. Eingetragene Schutzmarken für von Borgfeldt vertretene Puppenfirmen waren u.a.:

Alma ((1900 – siehe Abb.)
Tommy Atkins (1914)
Baby Belle (1907 – siehe Abb.)
Baby Bo-Kaye (1926)
Baby Smiles (1926)
Bedtime (1923 – siehe Abb.)
Betsy (1923)
Bettijak (1914)
Big Value / Knock About (1915 – siehe Abb.)
Bonnie Babe (1926)
Bringing Up Father (1924)
Butterfly (1913)
Bye-Lo-Baby (1923 – siehe Abb.)
Carrie (1913)
Celebrate (1895)
Charlie Carrot (1928)

Com-A-Long (1920)
Jackie Coogan (1925)
Cubist (1913)
Daisy (1923 – siehe Abb.)
Dancing Kewpie Sailor (1922 – siehe Abb.)
Defense (1916 – siehe Abb.)
Didi (1922)
Dotty (1913))
Dotty Darling (1914)
Elsi (1898)
Em-Boss-O (1917)
Felix (1924 – siehe Abb.)
Fingy-Legs the Tiny Tot (1912)
Florodora (1905 – siehe Abb.)
Gladdie (1929)
Happifat (1913)
Happy Hooligan (1923 – siehe Abb.)
Hi-Way Henry (1926)
Hollikid (1917 – siehe Abb.)
The International Doll (1898 – siehe Abb.)
Irvington (1910)
The Jolly Jester (1927)
Jolly Kids (1913)
Juno (1904)
Just Me (1929)
Kewpie (1913 – siehe Abb.)
Kidlyne (1906)
Ko-ko (1925)
Lilly (1913)
Little Annie Rooney (1925)
Little Bright Eyes (1912)
Little Miss Sunshine (1913)
Little Sister (1914)
Lotta Sun (1920 – siehe Abb.)
Mama's Angel Child (1914)
Mimi (1922)
Minnie Spinach (1928)
Miss Yankee (1919 – siehe Abb.)
My Dearie (1908)
My Girlie (1913 – siehe Abb.)
My Playmate (1907)
Nifty (1923 – siehe Abb.)
Nobbikid (1915 – siehe Abb.)
Paddy Potato (1926)
Pansy Doll (1910 – siehe Abb.)
Peakies (1915 – siehe Abb.)
Peero (1913)
Peter Rabbit Acrobat (1923 – siehe Abb.)
Playmate (1918)
Powerful Katrinka (1923)
Preshus (1917)
Pretty Peggy (1908)
Pretty Peggy (1908)
Princess (1898 – siehe Abb.)
Prize Baby (1914)
Puddin Head (1923)
Reg'lar Fellers (1922)
Rosemarie (1923)
Betsy Ross (1924)
September Morn (1914)
Skating Charlotte (1915)
The Skipper (1923)
Skookum (1915 – siehe Abb.)
Splashme (1919 – siehe Abb.)
Story Book Dolls (1925)
Sugar Plum (1922)
Teenie Weenie (1922)
Tiny Toys (1912)
Tiss Me (1919 – siehe Abb.)
Tommy Turnip (1928)
Tootsie (1906)
Tumble-Bo (1920 – siehe Abb.)
UWanta (1899)
Virginia Ginny for Short (1927)
Vivi (1922)
Whatsamatter (1924)
Willy (1913)
Winkie (1919 – siehe Abb.)
Xtra (1902)

BEDTIME

B V KNOCKABOUT
IG ALUE

DAISY DOLL

DANCING KEWPIE SAILOR

DEFENSE

FLORODORA
GERMANY

HOLLIKID

HAPPY HOOLIGAN

Dz. No.
The International Doll.
Made in Germany.

KEWPIE

LOTTA-SUN

MISS YANKEE

My Girlie
III.
Germany

NIFTY

NOBBIKID

Pansy.
IV.

Peakies

Peter Rabbit Acrobat

THE PRINCESS DOLL

Princess
1
Germany

Tiss-me
ARTISTE

SKOOKUM

SPLASHME

TUMBLE-BO

WINKIE

Jean Born & Cie.

(siehe Francis Thieck et Jean Born & Cie.)

Boston Pottery Company

Boston

Biskuitköpfe mit der Gravierung **B.P.D.Co.** und **Made in Boston, Mass.//U.S.A.** dürften von dieser Firma während der 20er Jahre hergestellt worden sein.

A. Bouchet

London

Die verbundenen Initialen (Abb.) werden diesem Hersteller aus der Mitte des 19. Jhdts. zugeschrieben, doch haben andere Firmen ähnliche Marken verwendet.

AB

Ad. Bouchet

Paris

Ad. Bouchets Erfolg als Hersteller ist durch die Berichte der Ausstellungen von Paris von 1889 und 1895 sowie von Rouen und Brüssel in den beiden darauffolgenden Jahren belegt, die seine Firma alle als Silber- oder Goldmedaillen-Gewinner ausweisen. Eingetragene Schutzmarken sind u.a.: **Bébé Dormeur** (1898, **Bébé Géant** (1889), **Bébé Tête Mobile** (1895), **Gentil Bébé** (1895), **Le Séduisant** (1898) und **L'Indestructible** (1895).

A·D
BOUCHET
O

J. Bouton & Co.

New York City

Die 1919 gegründete amerikanische Handelsfirma bot ein Puppensortiment **Jay-Bee** an, das die Puppen **Baby Bunting** (1925), **Baby Phyllis** (1925), **Bouton's Dancing Girls** (1923), **Miss Josephine** (1919) und **Peter Pan Doll** (1924) enthielt.

Resi Brandl

Berlin

1924 Eintragung der Schutzmarke **Bufli** für Stoffpuppen und -tiere.

RB
BUFLI

Emma L. Bristol

Providence, Rhode Island

Die Firma, die als Herstellerin von Composition-Puppen bekannt ist, bestand in den ersten beiden Jahrzehnten dieses Jahrhunderts, eventuell auch länger.

BRISTOL'S UNBREAKABLE DOLL
273 HIGH St. PROVIDENCE, R.I.

Amilcare Brogi

Coeuilly-Champigny, Frankreich

1928 Eintragung der Schutzmarke **Clelia** für Puppen.

·CLELIA·

Mayotta Browne

San Francisco

1922 Eintragung von **Otsy-Totsy Dolls** als Schutzmarke für Stoffpuppen.

OTSY-TOTSY-DOLLS

Bru Jne. & Cie.

Paris

Ganz ohne Zweifel gehören die anmutig geformten Bébés mit ihren blanken Augen, die Bru im letzten Viertel des vorigen Jahrhunderts herstellte, heute zu den bestgehüteten Schätzen von Sammlern. Über seinen Ruf als einer der besten Hersteller von Porzellankopfpuppen hinaus, war Bru jedoch auch Pionier bei mechanischen Puppen; die bei der Kreation der Puppen verwendeten Materialien waren u.a. Holz, Gummi und Papiermachee. Bru markte seine Puppen auf vielerlei Art, manche ganz simpel mit Halbmond und Punkt (siehe Abb.), andere wesentlich komplizierter. Puppen mit den abgebildeten Marken sind vor 1899, dem Gründungsjahr von S.F.B.J., zu datieren (Bru war Mitinhaber der neuen Firma). Die Schutzmarke **Bébé Bru** wurde sowohl für starre als auch für mechanische Puppen verwendet. Für die Puppen, die Laufen, Sprechen, Essen und andere Lebensäußerungen nachahmen konnten, wurden u.a. folgende Schutzmarken eingetragen: **Bébé Gourmand** (1881), **Bébé Petit Pas** (Trippelbaby – 1891), **Bébé Teteur** (1878), **Le Dormeur** (1855) und **Surprise Doll** (1867).

BRU J^NE R
BREVETE S.G.D.G.
Y 8 M

BRU. J^NE R
11

BÉBÉ BRU B^TE S. G. D. G.
Tout Contrefacteur sera saisie poursuivi
conformement a la Loi

BÉBÉ
Breveté S G D G
PARIS

BÉBÉ BRU

V. M. Bruchlos

Eisfeld

Valentin Moritz stellte in seiner 1902 gegründeten Firma bekleidete mechanische Puppen her.

Albert Brückner

Jersey City, New Jersey

Wie aus der Marke hervorgeht, ließ Brückner 1901 eine Stoffpuppe patentieren. 1925 war die Firma im Besitz seiner Söhne, die für ein neues Puppensortiment den Namen **Dollypop Dolls** eintragen ließen.

PAT'D. JULY 8TH 1901

Marguerite Brunot

Algier

1918 Eintrag der Schutzmarke für Puppen.

MARQUE DEPOSÉE

A. Bucherer

Amriswil, Schweiz

Bucherers Marke erscheint auf verschiedenen Metallpuppen mit Compositionköpfen, die lustige Typen der zwanziger Jahre darstellen, darunter Polizisten, Feuerwehrleute, Clowns und Comic-Figuren.

MADE IN
SWITZERLAND
PATENTS
APPLIED FOR

Oskar Büchner

Ebersdorf

Dieser deutsche Puppenhersteller erlebte seine Blütezeit Mitte der 20er Jahre.

H. Bühl & Söhne

Großbreitenbach

Diese Porzellanfabrik stellte während der letzten drei Jahrzehnte des 19. Jahrhunderts Puppenköpfe her, produzierte jedoch im 20. Jahrhundert hauptsächlich Badepuppen.

DEP

B
H S
G

Theodor Buschbaum

Wallendorf

Die 1859 gegründete Puppenfabrik stellte während der ersten drei Jahrzehnte des 20. Jahrhunderts Porzellan-, Nanking- Badepuppen und bekleidete Puppen her.

700
Tebu

Wilhelm Buschow

Dresden

Als 1896 gegründete Zelluloid- und Gummifabrik stellte Buschow Zelluloid-Gliederpuppen, Charakterbabys, Puppenhaus-Püppchen und verschiedene Puppenteile her. Die Schutzmarke von 1929 enthält die Worte **Mein Herzenskind**.

Buschow & Beck

Reichenbach

Hauptsächlich bekannt für seine Blechpuppenköpfe, produzierte Buschow & Beck auch Zelluloidköpfe; die sammelwürdigsten seiner Puppen sind jedoch nach wie vor die Minervas aus Messingblech, die 1900 geschützt wurden (auch von A. Vischer & Co. produziert). Nach 1907 wurde das Messing durch Zelluloid mit wasserfestem Lack ersetzt, um den hauptsächlichen Nachteilen der Blechköpfe, Verkratzen und Abblättern, zu begegnen. Der Name **Minerva** war in der abgebildeten Form gewöhnlich auf die Brustplatte geprägt, was die Identifizierung vereinfacht. Das Wort **Germany** erscheint zuweilen auf der Rückseite metallener Schulterköpfe.

Butler Brothers

Sonneberg

Butler Brothers wurde 1877 als Fabrikation und Vertrieb gegründet; um 1866 führte der Katalog eine Vielfalt von Puppen aus Wachs, Porzellan, «französischem Biskuit» und Ziegenleder auf. Gegen Ende des 19. Jahrhunderts galt Butler Brothers als einer der größten amerikanischen Händler mit Hauptsitz in New York. Butler verwendete nach 1900 unter anderem die Schutzmarken **Marvel**, die das Sortiment der Ziegenlederpuppen bezeichnet, und **Pet Name** mit dem jeweiligen Puppennamen – u.a. **Agnes, Bertha, Dorothy, Ethel, Helen** und **Marion** – auf der Brustplatte für Porzellankopfpuppen. Weitere Puppen aus dem Vertrieb von Butler Brothers:

Baby Betty (1912)
Baby Bud (1915)
Baby Catherine (1918)
Banker's Daughter (1893)
Banner Kid Dolls (1893)
Crying Babies (1907)
Dolly Dainty (1910)
Dolly Varden (1906)
Favorite (1910)
Harlequin (1916)
Jeweled (1905)
Little Aristocrat (1893)
Little Beauty (1910)
May Queen (1910)
Miss Millionaire (1910)
Model (1900)
Nansen (1912)
Nemo (1910)
North Pole (1910)
Papa und **Mamma Talking Dolls** (1906)
Princess Eulalia (1893)
Rattle Head (1905)
Red Riding Hood (1907)
Russian Princess (1893)
Special (1893)
Sultana (1893)
Sunny Jim (1910)
Tam O'Shanter (1893)
Terror (1905)
Uncle Sam (1905)
Vassar (1912)
The Wide-Awake Doll (1913 – siehe Abb.)

C

Cameo Doll Co.

New York City und Port Allegany, Pennsylvania

Die Cameo Doll Company wurde 1922 von dem erfolgreichen Puppenkünstler Joseph Kallus gegründet und produzierte Puppen aus Composition und Holz, darunter Versionen von **Kewpie** (1922) und **Bye-Lo** (1924) sowie der **Little Annie Roonie** (1925), die Kallus gemeinsam mit Jack Collins, dem Schöpfer dieser Charakterpuppe entwarf. Kallus arbeitete gern mit anderen Künstlern zusammen, um immer noch bessere Versionen ihrer ursprünglichen Ideen zu schaffen (mit am besten verkaufte sich die Ausgabe von 1932 der **Betty Boop** des Karikaturisten Max Fleischer), schuf aber auch viele beliebte eigene Modelle, die von Borgfeldt vertrieben wurden. (Die abgebildete Marke erschien häufig auf seinen eigenen Puppen.) Er ließ u.a. folgende Marken eintragen:

Baby Adele (1930)
Baby Blossom (1927)
Baby Bo-Kaye (1926)
Bandmaster (**Bandy** – 1935)
Betty Boop (1932)
Bozo (1928)
Canyon Kiddies (1927 – Entwurf: James Swinnerton)
Cookie (1941)
Crownie (1940)
Joy (1932)
Little Annie Rooney (1925)
Marcia (1933)
Margie (1929)
Pete the Pup (um 1932)
Pinkie (1930)
Popeye (1932 – Lizenzgeber: King Features Syndicate)
Scootles (30er Jahre)
Sissie (1928)

Germany.
LITTLE ANNIE ROONEY
REG. U.S. PAT. OFF
COPR. BY JACK COLLINS

Copr. by
J.L. Kallus
Germany
1394/30

Canzler & Hoffmann

Berlin und Sonneberg

Die Firma Canzler & Hoffmann begann 1906 als Händler und Exporteur und stellte um 1910 Puppen her. Die Schutzmarke **Caho**, die sich aus den Anfangsbuchstaben der Inhabernamen zusammensetzt, wurde erst 1925 eingetragen. Um 1930 bot die Firma Puppen aus Leder, Zelluloid und aus beiden Materialien kombiniert an.

Caho

Capo Di Monte

Neapel

Die seit über zwei Jahrhunderten für ihr exquisites Porzellan bekannte Firma Capo Di

Monte hat mit ziemlicher Sicherheit auch Puppenköpfe hergestellt. Das Firmenzeichen wurde oft nachgeahmt, so daß bei der Identifizierung von Puppen mit dem **gekrönten N** Vorsicht geboten ist.

Max Carl & Co.

Neustadt

Nach 1890 produzierte diese deutsche Firma Gliederpuppen mit der abgebildeten Marke. Nach der Jahrhundertwende ist sie als Hersteller von Puppenköpfen bekannt.

Robert Carl

Köppelsdorf

Robert Carl nahm 1895 die Herstellung von Porzellankopfpuppen auf und verwendete für mechanische Puppen (seine Spezialität) auch Köpfe von Armand Marseille. Carl bot u.a. Puppen mit Schlafaugen und Sprechstimme an. 1908 ließ er die Schutzmarke **Mausi** eintragen. 1911 kaufte die Köppelsdorfer Firma Frickmann & Linder Carls Fabrik auf, der Name Carl wurde aber danach noch fast ein Jahrzehnt weitergeführt. Das **RC** im Kreis war Carls eigene Marke; die andere abgebildete Marke verwendeten seine Nachfolger nach 1926. 1913 wurde Carl Mitinhaber der Porzellanfabrik Mengersgereuth (siehe dort).

Germany·
1400/4

Jean Carles

Nizza

1926 Eintrag der Schutzmarke für Puppen.

Adrien Carvaillo

Paris

1923 Eintragung der Schutzmarke **La Vénus** für Stoffpuppen.

LA VÉNUS

Catterfelder Puppenfabrik

Catterfeld

Die 1906 gegründete Catterfelder Puppenfabrik lieferte Composition-Puppen mit Biskuitkopf und spezialisierte sich auf Babypuppen (später Charakterbabys) und Gelenkpuppen. Sie hat bekanntermaßen die beiden abgebildeten Marken benutzt. Außerdem ließ die Catterfelder Puppenfabrik mehrere Schutzmarken für ihre Puppen eintragen: **Mein Sonnenschein** und **Kleiner Sonnenschein**. Anhand von Biskuitköpfen mit der Kestner-Markung **K & Co.** neben der Catterfelder Markung läßt sich

C.P.
208/34S
Deponiert

1100
Catterfelder Puppenfabrik
2

schließen, daß Kestner einige der Köpfe für Catterfelder Puppen anfertigte.

Zu den Formennummern, die Catterfelder Puppen zugeschrieben werden gehören: 200, 205, 206, 207, 208, 209, 218, 219, 220, 262, 263, 264, 270, 1100, 1200 und 1357.

Madame E. Cayette

Paris

Der fünfzackige Stern und das vierblättrige Kleeblatt wurden von Madame Cayette (geb. Marie Mommessin) 1909 eingetragen. Im selben Jahr wurden u.a. als Schutzmarken eingetragen: **Bébé Prophète, Bébé Oracle, La Fée au Gui, La Fée aux Trèfles** und **La Fée Bonheur**.

Cellba Celluloidwarenfabrik

Babenhausen

Die Firma produzierte Mitte der 20er Jahre Puppen und Puppenteile aus Zelluloid.

Century Doll Co.

New York City

Die Century Doll Company, gegründet 1909, war sowohl Hersteller als auch Händler. Die meisten ihrer Marken (siehe Abb.) enthalten den Namen **Century** oder zumindest die Initialen **CDCO**, was die Identifizierung vereinfacht. Century importierte viele seiner Köpfe von Kestner, worauf das K in der Raute hinweist. Als Händler erreichte die Firma 1925 das Alleinvertriebsrecht für Kestners Kronenmarke. Century verwendete für seine Puppen u.a. folgende Schutzmarken:

Babette (1924)
Baby Shirley (1918)
Barbara (1924))
Blue Eyes (1921)
Brown Skin Dolls (1922)
The Century Doll (1909)
Clap Hands (1925)
Darky Dolls (1922)
Kuddle Kiddies (1922)
Marvel Mama Dolls (1923)
Mastercraft Babies (1918)
Quality Bilt (1918)
Sweetums (1925)
Wood-Bisk (1921)

Germany
CENTURY DOLL &.Co.

CENTURY DOLL Co
Kestner Germany

CDCO

Chambon et Baye

Frankreich

1889 produzierte diese Firma eine Weichpuppe mit drei Gesichtern, die über einen Griff unter der Haube bewegt wurden.

Chambre Syndicale des Fabricants de Jouets Français

Paris

Eine Gruppe französischer Spielwarenhersteller gründete 1886 dieses Syndikat; Mitglieder waren u.a. Pean (Frères), Henri Alexandre, Dehais und Falck & Roussel.

Martha J. Chase

Pawtucket, Rhode Island

Angeregt durch eine Stoffpuppe von Izannah Walker, die sie als Kind besessen hatte, machte Martha Jenks Chase kurz vor der Jahrhundertwende für ihre eigenen Kinder eine weiche, unzerbrechliche, waschbare Puppe. Diese **Chase Stockinet Doll** wurde ein unerwarteter Verkaufserfolg. Mrs. Chase, eine Artzfrau, machte mit einer breiten Palette von Stoffpuppen weiter, darunter «Krankenpuppen» in Kinder- und Erwachsenengröße zur Schulung von Schwestern. (Die abgebildete Marke enthält eine stilisierte Krankenschwester.) Zu den bekanntesten Puppen von Mrs. Chase gehört die von Tenniels Illustrationen inspirierte Charakterpuppen-Serie *Alice im Wunderland*. Manchmal waren die Namen auf den Kragen aufgestickt, manchmal war die Schwesternmarke auf den Körper gestempelt; gelegentlich blieben die Puppen auch ungemarkt. Hier die Namen der Chase-Puppen:

Alice-in-Wonderland (1905)
Bessy Brooks (1921)
Duchess (1921)
Frog Footman (1921)
Mammy Nurse (1905)
Pickaninnies (1921)
Silly Sally (1921)
Tommy Snooks (1921)
Tweedledum and Tweedledee (1921)
George Washington (1905)

Chauvière

(siehe Au Nain Bleu)

Veuve Clément

Paris

Die Witwe (frz. *veuve*) Clément verkaufte nach 1870 in Paris Puppen; sie dürfte mit Pierre Victor Clément verwandt gewesen sein, der Puppen aus gepreßtem Leder herstellte, denn ihre Marke taucht auf Lederpuppen auf, die während seiner Schaffenszeit entstanden sind.

Cocheco Manufacturing Co.

USA

Kurz nach 1890 brachten die Künstlerinnen Celia und Charity Smith sowie Ida Gutsell ihr Können in diese Textilfabrik ein, die ihre farbenfrohen Muster auf Meterware druckte und über Lawrence & Company (Boston und New York) in Vertrieb brachte. Daher erscheinen beide Firmen auf dem Cocheco-Firmenzeichen, das jeweils neben den zweiteiligen Schnittmustern aufgedruckt war.

Coiffe

Limoges, Frankreich

Die 1873 gegründete Firma war eine Porzellanmanufaktur; auf ihren Puppenköpfen erscheint der siebenzackige Stern. Die Firma erfuhr mehrere Namensänderungen: Coiffe, Inc. (1898), Coiffe, Couty & Cie. (1915) und Couty, Magne & Cie. (1920).

Colonial Toy Manufacturing Co.

New York City

Haupterwerb dieser 1915 gegründeten amerikanischen Firma waren Composition-Puppen. Ihr Direktor war während der ersten drei Jahre David **Zaiden**, dessen Name während dieser Zeit häufig auf die Puppen graviert ist. Colonial liefert u.a. die folgenden Puppen: **Baby Cuddles** (1920), **Miss Colonial** (1918), **Mother Goose Hug-Me-Tight** (1916 – Entwurf: Grace Drayton), **Next-to-Nature** (1918) **Peachy Pets** (1919) und **Snowbird** (1917).

COLONIAL
DOLL
MADE IN
U.S.A.

Charles Colombo

New York City

1936 Patent für **Chubby**- und **Ritzie**-Puppen.

Concentra

(siehe Gebrüder Bing, Kämmer & Reinhardt, Schutzmeister & Quendt und Welsch & Co.)

Conta & Böhme

Pössneck

Die Porzellanfabrik wurde 1790 gegründet und 1804 von Ernst Conta und Christian Gotthelf Böhme erworben. Sie spezialisierte sich auf Bade- und Nanking-Puppen. Laut Jürgen und Marianne Cieslik befindet sich die Schutzmarke, **ein Schild mit einem schwerttragenden gepanzerten Arm** auf der Fußsohle der Badepuppe. Cieslik nehmen, gestützt auf Dorothy Coleman, an, daß um 1878 Puppenköpfe mit **V37** gemarkt wurden; auch noch eine dritte Marke, **IX 36**, wurde auf Köpfen von Conta & Böhme entdeckt.

Madame Coquillet

Paris

1918 Eintragung der Schutzmarke **La Parisiette**.

LA PARISETTE

Marius Cornet

Lyon

1914 Eintragung der Schutzmarke **La Poupeé Française** für verschiedene Puppentypen.

LA POUPÉE FRANÇAISE

Corona Pottery

(siehe S. Hancock & Sons)

Jeanne Cortot

Liège, Belgien

Cortot stellte Puppen des Typs **Bébé Jeannette** her und ließ dafür 1915 und erneut 1922 seine Schutzmarke eintragen.

M.P.H.L.
BÉBÉ JEANNETTE
· MARQUE DÉPOSÉE ·
FABRICATION FRANÇAISE

BÉBÉ JEANNETTE

Cosman Frères

Paris

Die Firma Cosman Frères wurde 1892 als Puppenfabrik für Baby- und bekleidete Puppen gegründet. Die Firma führte u.a. die Marken **Bébé le Favori** und **Bébé Favori** (1892) sowie **Splendide Bébé** (1893), wobei letztere für ein Sortiment von Babys und Puppen mit Biskuitköpfen und Gelenken eingetragen wurde. Die Firma verkaufte (1892) auch Puppen mit der Bezeichnung **Bébé le Splendide** und **Bébé Prime**.

Bébé Favori

Bébé le Favori

Splendide Bébé

Madame Raymonde Couin

Paris

1924 Eintragung der Schutzmarke **Kipmi** für Puppen.

KiPMi

Couty, Magne & Cie.

(siehe Coiffe)

Henry Cremer

London

Von Anfang des 19. bis Anfang des 20. Jahrhunderts gehörten Henry Cremer und nach ihm sein Sohn zu Londons geachtetsten und erfolgreichsten Puppenhändlern. Sie importierten Puppen aus Frankreich (eine Puppe von Jules Steiner mit dem rechteckigen Cremer-Etikett konnte identifiziert werden). Das hier abgebildete ovale Zeichen wurde ungefähr ab 1862 verwendet.

CREMER
Dolls Toys Games
210 Regent St

Joseph Cronan
Portland, Oregon

1916 Eintragung der Schutzmarke **Mazel Tov** für Puppen.

Madame Aline Crosier
Paris

1917 Eintrag ihrer Schutzmarke für Puppen.

PARFAIT - BÉBÉ
PARIS
MANUFACTURE FRANÇAISE
DE POUPEES ET JOUETS

Cunique des Pupées
Lausanne

Über die 1910 gegründete Schweizer Handelsfirma ist wenig bekannt. Sie verwendete das hier abgebildete Etikett, das auf einer Puppe von Kämmer & Reinhardt auftauchte.

Curnen & Steiner
New York City und Sonneberg

Die Firma ließ 1898 für ihre Puppen die Schutzmarke **C.&S.** eintragen.

D

Dallwig Distributing Co.
Chicago

Die Firma produzierte Puppen und spezielle Perücken dazu, die ausgetauscht werden konnten. Die Eintragung der Schutzmarke erfolgte 1919.

DALL WIG DOLL

Jules et Charles Damerval
Paris

1910 Eintragung der Schutzmarke **Joli Bébé** für Puppen; die Firma soll auch die Bezeichnung **Bébé Mignon** verwendet haben.

JOLI BÉBÉ

Danel & Cie.
Paris

Hauptprodukt der Firma war das **Paris Bébé**, eine Biskuitkopf-Puppe, die 1889 eingeführt wurde; auch **Bébé Français** wurde als Schutzmarke eingetragen (1891).

Von dieser Firma stammen die frühesten französischen Neger- und Mulattenpuppen. 1896 von Jumeau übernommen, produzierte sie noch einige Jahre weiter.

TETE DÉPOSÉE
PARIS-BÉBÉ

BÉBÉ FRANÇAIS

Robert Darcy

Paris

Eintragung der Schutzmarke 1928; die Schutzmarke bezeichnete Puppen aus «Schildkrötenleder».

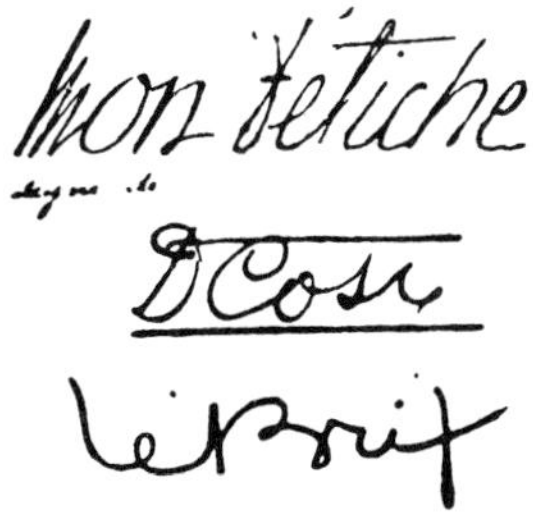

Darrow Manufacturing Co.

Bristol, Connecticut

Die als «Darrow dolls» bekannten Puppen hatten Stoffkörper und Köpfe aus handbemaltem, gepreßtem Wildleder. Die Firma stellte diese ausgesprochen amerikanischen Puppen ab 1866 etwa zehn Jahre lang her.

F.E. DARROWS
PATENT
MAY 1st 1866

D'Autremont

Paris

Diese 1858 gegründete Firma ließ eine Gummipuppe patentieren; ihr Name findet sich auch als Stempel auf dem Bauch einiger Porzellankopfpuppen mit Ziegenlederkörper. [Auch «D'Autrement»]

D'AUTREMONT
PARIS
6 Rue De DAUPHIN 6

Davis & Voetsch

New York City

Die auch als Dee Vee Doll Company bekannte Firma ließ 1923 die Schutzmarke **Dee Vee** eintragen. Davis & Voetsch vertrieb auch Charakterpuppen von Heinrich Handwerck und bekleidete Weichpuppen der Acme Toy Manufacturing Company.

Aline de Brzeska

Foutenay-sous-Bois, Frankreich

1924 Eintragung der Schutzmarke **Lutetia** für Puppen.

Jeanne de Kasparek

Paris

Herstellung von Künstlerpuppen; Eintragung der Schutzmarke hierfür 1922.

Max H. M. de la Ramée

Suresnes, Frankreich

1917 Herstellung von unzerbrechlichen Puppen und Puppenköpfen.

MA JOLIE

Marguerite de Raphelis-Soissan

Paris

1920 Eintragung der Schutzmarke **Jeanne D'Arc**.

JEANNE D'ARC

Georges de Roussy de Sales

Belleville und Paris

Eintragung der Schutzmarken **Liberty** (für Puppen, 1918), **Expression** (für Puppenköpfe, 1918), **Modestes** und **Espiègles** (für bewegliche Puppenaugen, 1919).

LIBERTY

EXPRESSION

ESPIÈGLES

E. de Stoecklin et Gaston Manuel

Paris

1920 Eintragung der unten abgebildeten drei Schutzmarken für Puppen.

POUPÉES DE PARIS

Les Poupées Parisiennes

LES POUPETTES

Renée de Wouilt

Paris

1916 Eintrag der Schutzmarke für Puppen.

Dean's Rag Book Co.

London

Samuel Dean begann 1903 mit der Fertigung von Ausschneidepuppen aus Stoff, die zu Büchern geheftet wurden. Diese Methode führte zum Verkauf von Schnittmustern auf Leinen; im weiteren bot er auch gepreßte und gestopfte Puppen an. Die Firma entwickelte sich stetig und ging zu komplizierteren Puppen über (Gelenkpuppen, Puppen mit Glasaugen, frei stehende Puppen), dabei entstand eine Vielzahl von Markennamen. Darüber hinaus wurden Puppenkleider hergestellt. Die Schutzmarke stellte lt. Constance King «zwei um ein Stoffbuch streitende Hunde» dar. King zufolge führte Dean's ab 1923 eine Marke **A1**. Es wurden u.a. folgende Bezeichnungen verwendet:

Betty Blue (um 1910)
Big Baby (1910)
Bo-Peep (1913)
Buster Brown (um 1922)
Captivating Cora (um 1922)
Charlie Chaplin (um 1922)
Cheeky Imp (1913)
Cinderella (1913)
Coogan Kid (um 1922)
Cosy Kids (um 1922)
Curly Locks (um 1910)
Dinah Doll (1913)
George Robey (1923)
Life Size Baby Doll (um 1903)
Little Sambo (1913)
Lucky Lockett (um 1903)
Lucky Puck (um 1910)
Lupino Lane (1937)
Mary Mary (um 1922)
Master Sprite (1913)
Mickey Mouse (1937)
Miss Betty Oxo (1937)
Natty Nora (um 1922)

Old King Cole (um 1903)
Popeye (1937)
Red Riding-hood (1913)
Ta-Ta (um 1922)
Tru-to-Life (um 1917)

HYGIENIC TOYS
DEAN'S RAG
MADE IN ENGLAND

Yves de Villers & Co., Ltd.

New York City

1926 Eintragung der Schutzmarke für Puppen zur Verwendung auf Etiketten.

POUPEES
RAYNAL
MODÈLE DÉPOSÉ

Louis Dedieu

Paris

1927 Eintragung der Schutzmarke **De Liauty** für Puppen.

DE LIAUTY

Dee Vee Doll Co.

(siehe Davis & Voetsch)

Dehais

(siehe Chambre Syndicale des Fabricants de Jouets Français)

E. Dehler

Coburg

Dieser Fabrikations- und Exportbetrieb wurde 1866 gegründet. Zwischen 1900 und 1920 wurden verschiedene Puppentypen hergestellt, darunter Charakterbabys, bekleidete und unbekleidete Holzpuppen sowie Gelenkpuppen.

Louis Delachal

Paris

Ab 1890 stellte die Firma Delachal unter der Bezeichnung **Bébé Caoutchouc** Babypuppen und Puppen aus Gummi her.

B. Delacoste & Cie.

(siehe B. Derolland)

Henri Delcroix

Montreuil, Frankreich

1887 ließ Delcroix die abgebildeten vier Marken eintragen, die auf die Puppenköpfe gestempelt werden sollten.

PARIS

PAN

PARIS
GD

HD
PARIS

Sophia E. Delavan
Chicago

Ab 1916 Anfertigung von Puppen und Perücken, darunter zunächst **War Nurse** (Sanitäterin) und **War Orphan** (Kriegswaise), zur Erinnerung an den I. Weltkrieg. Nach dem Krieg (1921) Eintragung der Bezeichnungen **Buds** und **Buddies** für ein Sortiment Stoffpuppen mit den Namen **American Rose Bud, Buddie Clown, Greenwich Village Bud, Holland Bud, Rags Bud, Scotch Bud Golf Beauty** und **Student**.

Delly-Puppenfabrik
Stuttgart

Mitte der 20er Jahre Herstellung weichgestopfter Künstlerpuppen in Filzkleidung.

Madame Demarest
Clefs, Frankreich

Mme. Demarest brachte ihre 1908 eingetragene Schutzmarke an den Verpackungen für ihre Puppen an.

B. Derolland
Paris

Derolland, einer der größten französischen Hersteller von Gummipuppen, gründete seine Firma 1878 und produzierte danach mehrere Jahre Puppen verschiedenster Art. Die zweite der abgebildeten Marken verwendete ab 1921 Derollands Nachfolger, die Firma B. Delacoste & Cie.

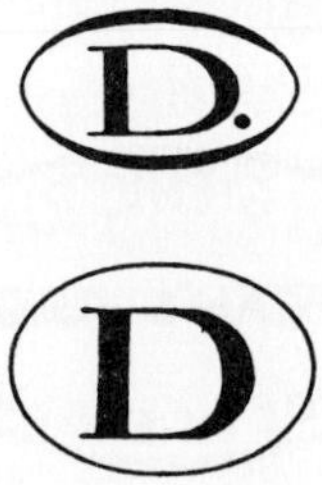

Alexandrine D'Erophine
Paris

Die 1886 eingetragene Schutzmarke wurde an ihren Puppen angebracht; sie wurde in vielerlei Größen und Farben gedruckt.

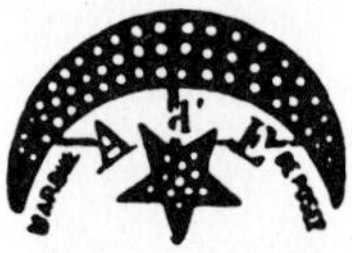

Mademoiselle Desaubliaux
Boulogne-sur-Seine, Frankreich

1915 Eintragung der Schutzmarke **Gallia** für Puppen.

GALLIA

Hubert des Loges
Paris

1916 Eintrag der Schutzmarke für Puppen.

Josef Deurlein Nachf.

Nürnberg

1907 Eintragung der Schutzmarke **Hercules** für Markenspielwaren aus Filz und Leder; 1913 verwendete die Firma die Marke **Iden**. Die abgebildeten Marken stammen von 1907.

Deutsche Kolonial-Kapok-Werke-AG

Berlin, Potsdam und Württemberg

Offerierte 1925 **Dekawe** – weichgestopfte Spieltiere, die auch in Wasser getaucht werden konnten.

Diamond Pottery Co.

Hanley, England

Herstellung von Biskuit-Puppenköpfen für englische Puppen; ab 1908 Verwendung der Marke **D.P. Co.**

The Doll Craft Co.

Brooklyn, New York

1922 Eintragung der Schutzmarke **Cradoll** für Stoffpuppen.

Domec Toys Inc.

New York City

Die 1924 gegründete Firma Domec Toys nahm 1924 die Fertigung eines Puppenkindes, **Kradle Babe**, auf, das als Konkurenz zu Borgfeldts Bestseller By-Lo gedacht war. Borgfeldt verklagte die Firma wegen Urheberrechtsverletzung; Domec unterlag und beendete die Produktion des Kradle Babe, machte jedoch mit einem anderen Sortiment, **Dolls of Character** weiter.

Dornheim, Koch & Fischer

Gräfenroda

Gegründet 1856 als Porzellanfabrik; Herstellung von Tierköpfen; ab ca. 1880 bis 1913 Produktion von Puppenköpfen.

Julius Dorst

Sonneberg

Julius Dorsts erfolgreiche Puppenfirma begann als Fabrik für Kindertrommeln im Besitz seines Schwiegervaters. Dorst übernahm den Betrieb 1865 und erweiterte die Produktion auf diverses Spielzeug und Puppen aus Holz. Zuletzt, in den 20er Jahren, wurden ausschließlich Holzspielwaren angefertigt. Dorst erfand u.a. eine Federhalterung für Wechselköpfe und Puppen, die «Mama» und «Papa» sagten und dabei den Kopf bewegten.

Germaine Douche

Paris

1928 Eintragung der Schutzmarken **Colette** und **Puppet's Mary**.

Isidore Dreifuss

Straßburg

1921 Eintragung der Schutzmarke **La Poupée Idéale** für Puppen.

Cuno & Otto Dressel

Sonneberg

Diese zu Anfang des 18. Jahrhunderts gegründete Firma ist der älteste Puppenhersteller, dessen Existenz ausreichend dokumentiert ist. Die Dressels befaßten sich anfangs mit Kleinartikeln, u.a. Spielzeug, und gehörten zu den Firmen, denen 1789 in Sonneberg Handelsprivilegien eingeräumt wurden. Die Firma blieb von Generation zu Generation in Familienbesitz und ist seit 1873 als Cuno & Otto Dressel bekannt. Die Partnerschaft war außerordentlich erfolgreich; Puppen wurden in großen Stückzahlen nach Amerika exportiert (Vertrieb z.T. durch Butler Brothers). Die Firma produzierte jedoch nicht alle Puppen im eigenen Werk. Sie bezog Köpfe von Armand Marseille, Simon & Halbig, Gebrüder Heubach und anderen deutschen Herstellern.

Die Dressel zugeschriebenen Formennummern sind: 1348, 1349, 1468, 1469, 1776, 1848, 1849, 1893, 1896, 1912, 1914, 1920, 1922 und 2736.

Köpfe von Simon & Halbig für Dressel haben die Formennummern 1348, 1349, 1468, 1469, 1848, 1849, 1912 und 1920.

Die bekannteste Schutzmarke, **Holzmasse**, wurde 1875 eingetragen; weitere verwendete Marken sind:

Admiral Dewey (1898)
Admiral Sampson (1898)
Bambina (1909)
Die Puppe der Zukunft (1899)
Fifth Ave Dolls (1903)

Jutta (1906)
Jutta-Baby (1922)

1469
C.&O. Dressel.
Germany.
2.

1349
Dressel
S&H
8

1348
Jutta
S&H
16

Heubach-Köppelsdorf
Jutta-Baby
Dressel
Germany
1922
10·

HOLZ-MASSE

A.M.
C.O.D. 93·0·D.E.P.

Hugo Dressel
(siehe H. J. Leven)

Dressel & Koch
Köppelsdorf

Die von Adolf Kratky gegründete Firma ging 1894 in das Eigentum von Hermann Dressel und Albing Koch über. Sie wurde 1897 aufgelöst, produzierte jedoch in dieser kurzen Zeit eine Vielzahl von Biskuitköpfen.

C'Dep. D&K N° 2/0

Dressel & Pietschmann
Coburg

1923 bot die Firma Dressel & Pietschmann Gelenkpuppen an. Aus der Schutzmarke geht hervor, daß die Firma auch Spielwaren herstellte.

Paul Dubois
Paris

1919 Eintragung der Schutzmarke für Puppen (eine Anspielung auf das Ende des I. Weltkriegs).

ENTRÉE DES ALLIÉS
à STRASBOURG

Henriette Dunker
Hamburg

1923 ließ Henriette Dunker die Schutzmarke **Mein Stern** für Puppen eintragen.

Madame Max Duran
Paris

1915 Eintragung von drei Schutzmarken für Puppen.

DURAN MARX

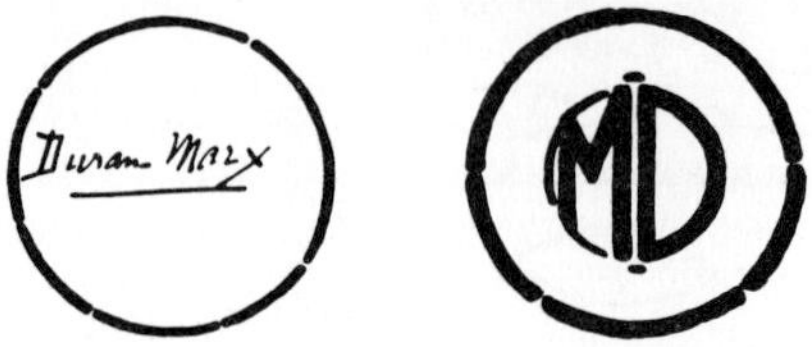

Octave Durand
Colombes, Frankreich

1921 Eintragung der Schutzmarke «**Tanagrette**».

" TANAGRETTE "

E

Berthold Eck
Unterneubronn

Die Puppenfabrik Berthold Eck stellte von ca. 1876 bis 1882 Puppen her.

Gebrüder Eckardt
Oberlind

Die Brüder Ernst, Arthur und Max Eckardt gründeten um 1920 dieses Puppenfabrikations- und -exportunternehmen. Max Eckardt wurde Mitinhaber der Importfirma Strauss-Eckardt Co., Inc., New York. Die deutsche Firma war ausschließlich im Export tätig und belieferte hauptsächlich Käufer in England und den USA. Sie produzierte verschiedene Puppen mit Biskuitköpfen sowie Puppenzubehör. Ein Sortiment Babypuppen mit Köpfen von Armand Marseille trug die Bezeichnung **Our Pet**; für das Inland wurde 1936 **GEO** eingetragen.

Our Pet.
Germany.
3/0

540-4
GEO
5

Hermann Eckstein

Neustadt

Hermann Eckstein produzierte ab 1899 Wachspuppen für den Export nach England. Er erweiterte auf Papiermachee-Puppen, Sprech- und Gelenkpuppen. 1932 kam **Princess Sibylla** auf den Markt, modelliert nach dem Vorbild der deutschen Braut Prinz Gustav Adolfs von Schweden.

ECCO

Edmund Edelmann

Sonneberg

Die 1903 gegründete Firma stellte verschiedene Zelluloid- und Biskuitpuppen her, darunter **Melitta** (Biskuitkopf von Armand Marseille), **Mine** und **Mona**, alle 1922 eingeführt.

Melitta
A. Germany M.
12

Thomas Alva Edison

Orange, New Jersey

Edison, der Erfinder des Phonographen, hatte nur teilweise Erfolg mit seiner ersten Sprechpuppe (1879), einer ziemlich plumpen Blech- und Holzkonstruktion. Zehn Jahre danach brachte er jedoch eine ansprechendere Version heraus. Sie bestand aus einem Metallkörper, der den Sprechmechanismus enthielt, Holzgliedern und einem Biskuitkopf von Simon & Halbig, gemarkt mit Formennummer 719 oder 917. Vollständige Stükke sind selten; sie sind an der Aufschrift des Sprechmechanismus' zu erkennen: «**Edison Phonograph Toy // Manufacturing Co.** // New York«, dazu die Patentdaten.

R. Eckhoff

Groningen, Niederlande

Die von Eckhoff um 1894 angefertigte Puppendame stellte eine verheiratete Frau in altmodischer ländlicher Tracht dar; er verwendete einen Biskuitkopf von Simon & Halbig.

R.EEKHOFF
Groningen

Effanbee

New York City

Die 1910 von Bernard E. Fleischaker und Hugo Baum als Fleischaker & Baum gegründete, außerordentlich erfolgreiche Produktionsfirma ließ ihre berühmte Schutzmarke **Effanbee** 1913 eintragen und ist bekannter unter diesem Namen. In ihrer Anfangszeit produzierte die Firma «unzerbrechliche» Composition-Puppen; um 1918 kamen gestopfte Körper dazu. Eine von Effanbee häufig verwendete Sortiments-Marke, **They Walk and They Talk** kam 1922 heraus; sie wurde bereits im Jahr darauf zu **They Walk, They Talk, They Sleep** erweitert, obgleich, wie Dorothy Coleman anmerkt, viele Puppen, die diesen Spruch trugen, weder laufen noch sprechen noch schlafen konnten. Effanbee liefert noch heute ein umfangreiches Puppensortiment; sammelwürdig sind aber vor allem die vor dem II. Weltkrieg produzierten Puppen. Im folgenden eine Auswahl der verwendeten Bezeichnungen:

Alice Lee (1924)
Baby Dainty (1912 – siehe Abb.)
Baby Effanbee (1925)
Baby Grumpy (1914 – siehe Abb.)
Barbara Lee (1924)
Beach Baby (1923)
Betty Bounce (1913)
Betty Lee (1924)
Billie (1924)
Bubbles (1925)
Christening Babies (1919)
Colleen Moore (um 1930)
Columbia (1916)
The Doll with the Golden Heart (1923)
Dolly Dumpling (1918)
Dy-Dee Doll (1935)
The EFFanBEE Buttons Monk (1923 – siehe Abb.)
French Baby (1918)
Gladys (1924)
Harmonica Joe (1924)
Honeybunch (1923)
I Say Papa (1921)
Joan (1924)
Johnny Tu-Face (1912)
Jumbo (1914)
Little Walter (1912)
Lovums (1918)
Mae Starr (1930)
Margie (1921)
Marilee (um 1925)
Mary Ann (1923)
Mary Jane (1917)
Miss Coquette (Naughty Marietta) (1912)
Nancy Ann (1923)
New Born Baby (1925)
Pat-o-Pat (1925)
Patricia (1932)
Patsy (1927)
Patsy-Ann (um 1930)
Patsy Tinyette (1933)
Peter (1924)
Popeye & Olyve Oyl (1935)
Reversible (1920)
Riding Hood Bud (1919)
Rose Marie (1925)
Rosemary (1925)
Salvation Army Lass (1921)
Anne Shirley (um 1935)
Skippy (um 1930)
Snow White (um 1939)
Sugar Baby (1936)
They Walk and They Talk (1922)
They Walk, They Talk, They Sleep (1923)
Trottie Truelife (1921)
Uncle Sam (1916)
Valentine Bud (1919)
George and Martha Washington (um 1940)

Christian Eichorn & Söhne

Steinach

Die 1860 von Max und Albert Eichorn gegründete Firma wurde 1909 unter dem Namen Eichorn und Söhne bekannt. Sie produzierte Puppenköpfe, Badepuppen und Puppenteile aus Porzellan bis um 1930.

Eisenmann & Co.

Fürth und London

Die Firma wurde 1881 von Gabriel und Josef Eisenmann als Exportbetrieb für Haushaltswaren gegründet; erst 1895 nahm sie den Puppenhandel auf, und erst ab dem 20. Jahrhundert wurden Puppen produziert. An Schutzmarken ließ Eisenmann in London u.a. eintragen: **Beaky-Ba** (1913, **Bunny Hug** (1914), **Floatolly** (1914), **Hugmee** (1912), **Kiddieland** (1911), **Kwacky-Wack** (1912), **Little Pet** (1908) und **Toddles** (1912).

Germany
Einco

J. Eisenstaedt & Co.

(siehe Hermann Landshut & Co.)

Elektra Toy & Novelty Co.

New York City

Ab 1912 produzierte die Firma Composition-Puppen; viele ihrer ersten Puppen haben Schelmenaugen. Verwendete Bezeichnungen waren u.a.:

Amy (1912)
Billy Boy (1912)
Chubby (1917)
The Favorite (1914)
Fritz, Mitzi (1913)
Goo Goo Eye Dolls (1912)
Jolly Jumps (1912)
Laurie (1912)
Margot, Frou Frou (1913)
Rosy-Posy (1917 – siehe Abb.)
Suffragina (1914)
Tootsie Wootsie (1916)

ELEKTRA T.N.C. NY
COPYRIGHT

Elpikbien

Paris

Warenzeichen 1921 ein **Speichenrad**, begleitet von den Buchstaben **C O**.

Erste Nordhäuser Spielwarenfabrik

(siehe Hermann Wolf)

Erste Schlesische Puppenfabrik

(siehe Heinrich Schmuckler)

Erste Steinbacher Porzellanfabrik.

Steinbach

Die 1900 als Max Kiesewetter & Co. gegründete Firma stellte von 1902 bis um 1937 Biskuit-Puppenköpfe her, ausgenommen die Jahre während und nach Ende des I. Weltkriegs (1914–1922). Da die Firma während ihrer Tätigkeit durch mehrere Hände ging, weichen die auf die Köpfe gravierten Marken deutlich voneinander ab. Unter der Leitung von Hugo Wiefel (1912) hieß die Firma Wiefel & Co. und benützte die Marke **W & Co.** auf Kurbelköpfen mit

EStP
Germany
23
13

EStP

510
G c3 H
7/0

301
W&Co
Thuringia
12

GH
1904
13/0

19 GH 04

den Nummern 121 und 131. Die **Elefanten**-Marke mit den Initialen **EStP** kam nach 1923 in Gebrauch, als sich die Firma Erste Steinbacher Porzellanfabrik nannte. Ab 1930 wurde nach der Übernahme durch Gustav Heubach **GH** verwendet. An gravierten Nummern sind bekannt: 510, 1904, 1905 und 1906.

E. Escher jr.

Sonneberg

Die von E. Escher jr. 1880 gegründete Firma fertigte und exportierte Papiermachee-Puppenköpfe, Gelenkpuppen und Puppenkörper und bot 1903 Puppen aus Leder, Filz und Holz an. 1905 wurde die Firma nach ihrem neuen Eigentümer Fritz Bierschenk umbenannt, dennoch blieb das ursprünglich 1880 eingetragene Escher-Warenzeichen in Gebrauch.

J. G. Escher & Söhne

Sonneberg

Diese Puppenfabrik wurde 1790 gegründet; während der 1890er Jahre bot sie Holzpuppen an und produzierte um 1914 Puppen, Babys und Puppenteile aus Zelluloid. Die Schutzmarke wurde 1914 eingetragen.

European Doll Manufacturing Co.

New York City

Anfang der 20er Jahre bot diese Firma unter dem Warenzeichen **Eur** unzerbrechliche Charakterpuppen aus amerikanischer Herstellung an.

Laura J. Eyles

Chicago

1923 Eintragung der Schutzmarke **Tut Sye Amen** für Puppen.

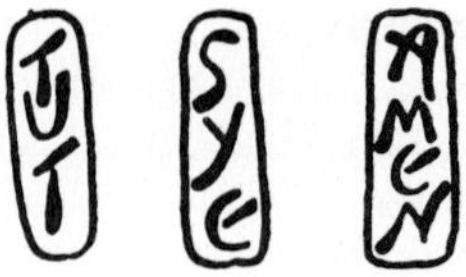

F

Falck & Roussel

Paris

Falck & Rousell, gegründet 1880, war eine

der ersten französischen Firmen, die Composition-Babys herstellten. Die Eintragung der Schutzmarken **F.R.** und **Bébé Mignon** erfolgte 1885; von 1886 bis 1902 wurden mehrere Millionen Bébé Mignon produziert.

Famous Doll Studio

New York City

Diese 1906 gegründete Puppenfabrik bot 1916 ihre **Sani-Doll** an.

M. Fauche

Paris

1916 Eintragung der Schutzmarke **Manos** für Puppen.

Faultless Rubber Co.

Ashland, Ohio

Von 1916 bis 1922 produzierte die Firma verschiedene gegossene Gummipuppen. Warenzeichen: **Billy Boy** (1918), **Boy Scout** (1918), **Fairy** (1918), **Miss Sunshine** (1918), **Nurse** (1918), **Pat-Biddy** (1920), **Sailor Boy** (1918) und **Sweetie** (1917).

Carl Feiler & Co.

Jena

Produzierte von ca. 1900 bis 1903 Leder- und Gelenkpuppen.

Fischer, Naumann & Co.

Ilmenau

Diese Firma, die auch Terrakotten lieferte, begann um 1852 mit der Herstellung von Puppen. Die Produktion umfaßte Puppenteile, Leder- und Porzellanpuppen. Das Warenzeichen **FNI** wurde 1876 eingetragen; das kalligraphisch verschlungene **FNC** taucht auf Lederpuppen auf; die letzte der abgebildeten Marken wurde 1927 eingetragen. Fischer, Naumann & Co. bestand unter wechselnder Leitung noch bis in die 30er Jahre.

Fleischaker & Baum

(siehe Effanbee)

Fleischmann & Bloedel

Fürth, Sonneberg, Paris und London

Schon bald nach ihrer Gründung durch Saloman Fleischmann und Jean Bloedel (1873) wurde diese Fabrik mit verschiedenen laufenden, sprechenden, nickenden und küssenden Puppen ein wichtiger Lieferant für Frankreich. Zur Kennzeichnung eines großen Puppensortiments wurde 1890 die Schutzmarke **Eden Doll** eingetragen; ihr folgte 1898 **Bébé Triomphe**. Simon & Halbig fertigte für Fleischmann & Bloedel Biskuitköpfe mit der Markung **DEP**, die ausdrücklich für den französischen Markt vorgesehen waren. Aufgrund des dortigen Erfolgs wurde Fleischmann & Bloedel 1899 Gründungsmitglied der S.F.B.J.

Joseph Berlin, der 1905 den deutschen Bereich der Firma übernahm, erweiterte die Produktion auf Filz- und Plüschspielwaren und Charakterpuppen; er ließ 1914 **Michu** eintragen. Der Betrieb schloß 1926.

„Michu"

EDEN BEBE

Eden-Bébé

A. Fleischmann & Craemer

Sonneberg

Die 1844 als A. Fleischmann & Co. gegründete Firma produzierte um 1851 300.000 Papiermachee-Puppenköpfe. 1881 schloß die ursprüngliche Firma und spaltete sich in die gleichnamige A. Fleischmann & Co. im Besitz von Adolf Fleischmann und Carl Craemer, und die August Luge & Co. Die nunmehrige Firma Fleischmann ließ 1881 das quadratische Warenzeichen für Puppen, Spielwaren und Glaswaren aller Art eintragen. Sie entwickelte sich unter der Leitung Craemers nach und nach und spezialisierte sich auf Papiermachee- und Charakterpuppen. (Das Zeichen **AF & C** im Viereck findet sich auf Papiermachee-Köpfen.) Das runde **AF & C**-Zeichen wurde in den 20er Jahren eingeführt, einige Jahre nachdem Carl Craemer und sein Schwiegersohn die Porzellanfabrik Mengersgereuth gegründet hatten. Diese Firma ist in Nürnberg noch tätig.

SCHUTZ-MARKE · TRADE MARK

AF&C

AF.&C.
Superior
2018

Florig & Otto

Dresden

1920 gegründet, produzierte Florig & Otto Puppen mit Kugelgelenken aus Holz und Stoff und ließ die Schutzmarken **Florigotto** (1920), **FO** (1921) und **Puck** (1923) eintragen. Die Firma bestand bis um 1925.

ORIGINAL · F&O · FLORIGOTTO

Albert Förster

Neustadt

Ende der 20er Jahre Puppenproduktion.

Waren zeichen
AF

Gustav Förster

Neustadt

August Förster gründete 1905 die Firma. Sein Sohn Gustav übernahm sie um 1925. Sie produzierte damals verschiedene Puppentypen, darunter Charakterpuppen, Krabbelbabys und biegsame Babypuppen. (Warenzeichen siehe Abb.)

G F
NEUSTADT b. COBURG

Blanche Fouillot

Paris

Stellte ab 1906 unter dem Warenzeichen **L'Idéal** Puppen her.

L' Idéal

Mme. Consuélo Fould

Paris

1919 Eintragung der Schutzmarke **Les Victorieuses** für Puppen.

Johannes Franz

Sonneberg

Von 1871 bis 1911 produzierte und exportierte die Firma Johannes Franz bekleidete Puppen, Automatenpuppen und Gelenkpuppen. Franz' Warenzeichen ist abgebildet; ein halbrundes Zeichen taucht auf den Automatenpuppen auf. Es enthält die Worte **Gesetzlicher Schutz** und darunter **Patent Amt №. 5332**.

Frickmann & Lindner

(siehe Robert Carl)

Friedrichsrodaer Puppenfabrik

Friedrichsroda

Die 1922 als Nachfolgerin der Firma Jäger & Co. gegründete Friedrichsrodaer Puppenfabrik ließ 1923 die Schutzmarke **Brüderchen** für Kugelgelenk-Puppen, Biegebabys und Krabbelbabys und 1923 die Marke **Mamas Herzensschatzl** eintragen.

Fulper Pottery Co.

Flemington, New Jersey

Die 1805 gegründete Keramikfabrik Fulper begann 1918 mit der Produktion von Biskuit-Puppenköpfen, um die durch das Ausbleiben deutscher Lieferungen im I. Weltkrieg entstandene Lücke zu füllen. Fulper verwendete Formen von Armand Marseille und produzierte unter der Leitung der Horsman Company, für die die meisten Köpfe bestimmt waren. Fulper stellte auch ganze Biskuit-Puppen her, darunter **Kewpies** und die von Helen Trowbridge entworfene **Peterkin**-Puppe. Die Puppenproduktion endete 1920.

G

Otto Gans

Waltershausen und Finsterbergen

Otto Gans gründete nach seinem Ausscheiden bei der Firma Gans & Seyfarth 1922 eine eigene Puppenfabrikation. Er stellte Sprechvorrichtungen für Puppen her und darüber hinaus Biskuit-Puppenköpfe, Badepuppen und Laufpuppen. Gans verwendete die Warenzeichen **My Dearie** (1922) und **Oga** (1925). Das kreisförmige Warenzeichen **Kindertraum** wurde 1930 eingetragen.

G
Made in
Germany

OG
6789/26

Otto Gans
Germany
975
A. 5 M.

Gans & Seyfarth

Waltershausen

Die 1908 von Otto Gans und Hugo Seyfarth gegründete Puppenfabrik spezialisierte sich auf Puppenteile und Gelenkpuppen. Warenzeichen waren u.a. **Dolly Mine** (1911) und **Fine Jointed Doll** (1910); 1919 warb die Firma für **Schalk** und **Racker** als zwei Puppen aus ihrem Lieferprogramm. Die Partner lösten die Firma 1922 auf und gründeten jeweils eigene Betriebe

Germany
G.&S
3

Gans & Seyfarth.

J. Roger Gault

Paris

1917 ließ Gault **Plastolite** als Schutzmarke für eine Plastikmasse für Puppen und Puppenköpfe eintragen.

PLASTOLITE

Gaultier

St. Maurice, Charenton/Seine und Paris

Ab 1860 und mindestens bis 1916 stellte der Betrieb von Gaultier Porzellan-Puppenköpfe her. Nicht alle mit **F G** gemarkten Köpfe sind unbedingt von Gaultier, doch kann man sie

F G

F. 3. G

F.G

La Poupée de France

von anderen unterscheiden, da Gaultier-Puppen in mehreren internationalen Wettbewerben siegten und daher von entsprechender Qualität gewesen sein müssen. Einige Gesland-Puppen haben Gaultier-Köpfe.

Gerbaulet Frères

Paris

1910 Eintragung der Schutzmarke Le «Coquet Bébé» mit den Initialen G.F. 1926 Eintragung der Marke **Bébé Olga**.

LE
« COQUET BÉBÉ »
Marque déposée G. F.
N°

Gem Toy Co.

New York City

Die 1913 gegründete Gem Toy Co. produzierte Composition- und Weichpuppen. Sie ließ 1925 **Gem** als Schutzmarke eintragen. An Bezeichnungen wurde u.a. verwendet: **Baby's Voice, Mothers Choice** (1924), **Excelsior** (1920), **Flossie Featherwight** (1922), **Just Born** (1925) und **O-U-Kids** (1918).

WALKING AND TALKING DOLL • BABY'S VOICE - MOTHER'S CHOICE •
GEM

Gerling Toy Co.

New York City, London und Neustadt

Arthur Gerling stellte ab 1912 gestopfte und Composition-Puppen her. Er spezialisierte sich auf Stimmen und erwarb mehrere Patente auf Zungen- und Blasebalg-Mechanismen. Eine Puppe von ca. 1925 ist mit seinem Namen gemarkt.

Pat Pending
GERLING

German American Doll Co.

(siehe Regal Doll Manufacturing Co.)

Gesland

Paris

Ab 1860 stellte Gesland Drahtpuppen mit Stockinet-Überzug her; die Firma verwendete vermutlich Porzellanköpfe von Gaultier für einige ihrer Puppen (auf den Körpern dieser Puppen steht **Gesland**). Gesland bot ab 1900 ein großes Sortiment Babypuppen an. J. Ortiz, dem nach Gesland die Firma gehörte, ließ 1916 die Schutzmarke **Excelsior Bébé** eintragen.

BÉBÉ E. GESLAND
BTE. S.G.D.G.
5, RUE BERANGER. 5
PARIS

EXCELSIOR BÉBÉ

Carl Geyer & Co.

Sonneberg

Die 1882 gegründete Firma Carl Geyer & Co. produzierte starrgliedrige Puppen und Puppenzubehör. Die vier Schutzmarken wurden 1885 (rund), 1900 (**Bébé Habille** und Füllhorn) und 1902 (**Liliput**) eingetragen. 1913 wurde die Firma nach dem Tod ihres Gründers in Carl Geyer & Söhne umbenannt. Sie bestand noch bis in die 30er Jahre.

TRADE-MARK

BÉBÉ HABILLÉ
MARQUE DE FABRIQUE
No

Liliput
REGISTERED GERMANY

Giebeler-Falk Doll Corp.

New York City

Die 1918 gegründete Firma stellte Holz- und Aluminiumpuppen her. 1919 ließ sie die Schutzmarke **Gie-Fa** für Puppen und Puppenteile eintragen und warb für **Primadonna**, eine Phonographen-Puppe mit einem Plattenspieler für Minischallplatten im Kopf.

25
G
U.S. PAT.

Gie-Fa

Gimbel Bros.

New York City und Philadelphia

Dieses Kaufhaus wurde von diversen großen Herstellern aus dem In- und Ausland beliefert; um 1910 wurden die Pupppen bei Gimbel selbst mit Kleidern eigener Herstellung angezogen. (Von Simon & Halbig für Gimbel hergestellte Köpfe sind mit dem Namen des Kaufhauses oder mit einem **G** gemarkt.) Gimbel verkaufte ab 1914 auch Kewpies, die von Borgfeldt bezogen wurden.

550
Germany
G
SIMON & HALBIG
S & H

Gimbel Bros.
Germany

Giotti

Nizza

1926 Eintragung der Schutzmarke **Magali** für Künstlerpuppen aus Filz.

Magali
MARQUE DÉPOSÉE

F & W Goebel

Öslau

1876 gründeten Franz Detleff Goebel und sein Sohn William eine Porzellanfabrik, die sie Wilhelmsfeld nannten, und begannen um 1887 mit der Herstellung von Porzellanköpfen. Die Köpfe dieser Firma waren für andere deutsche Puppenfabriken bestimmt, darunter Max Handwerck. William Goebel übernahm 1893 den Betrieb von seinem Vater, womit sich der Firmenname in «William Goebel« änderte. Ab 1908 produzierte Goebel außer Köpfen auch Baby- und Badepuppen. Formennummern sind u.a.: 30, 34, 46, 54, 60, 73, 77A, 77B, 80, 82, 83, 84, 85, 86A, 86B, 87, 88, 89, 90, 91, 92, 106, 107, 110, 111, 114, 120, 121, 122, 123, 124, 125, 126, 217, 283, 285, 286, 317, 319, 320, 321, 322, 330, 340, 350 und 501. Mit wenigen Ausnahmen stammen die dreistelligen Nummern aus der Produktion der 20er und frühen 30er Jahre; die zweistelligen Nummern sind älter. Die Kronenmarkung mit dem verschlungenen **WG** auf Goebel-Köpfen wurde erst ab 1900 verwendet.

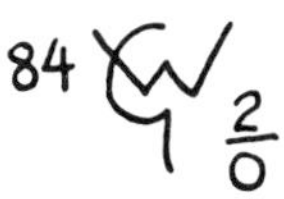

Walter Goebel

Sonneberg

1928 Eintragung der Schutzmarke **Muing**.

Max Göhring

Oberlin

Stellte von ca. 1920 bis 1925 Charakterbabys und Gelenkpuppen her; Eintragung der abgebildeten Schutzmarke 1924.

Eugene Goldberger

New York City

1936 Eintragung der Schutzmarke **Miss Charming**.

Edgard Goldstein & Co.

Berlin

1919 Eintragung einer Schutzmarke für Puppen.

E G

Charles Goodyear

New Haven, Connecticut

Gummipuppen dieser bekannten Firma sind mit **Goodyear** oder **Goodyear's Pat. May 6, 1851. Ext 1865** gemarkt. (1851 ist das Jahr, in dem Charles Goodyears Bruder Nelson den von ihm erfundenen Hartgummi patentieren ließ.)

Goss & Co.

Stoke-on-Trent, England

Ursprünglich im 19. Jahrhundert eine Manufaktur für Porzellanbüsten, produzierte die Firma zwischen 1900 und 1920 hochwertige Biskuitköpfe. Die Puppen wurden von der Potteries Toy Co. montiert und von Bawo & Dotter vertrieben.

GOSS
30

Arthur Gotthelf

Remscheid

1922 ließ Gotthelf die Schutzmarke **Ulla-Puppe** für seine Porzellan- und Biskuitkopf-Puppen eintragen.

ULLA
PUPPE

Gove Manufacturing Co.

Williamsport, Pennsylvania

1928 ließ Helen N. Gove ihre Schutzmarke **Uneke** für Puppen eintragen.

UNEKE

Grandjean

Paris

Verwendete die Marke **Bébé Bijou** für Gelenk-Babys. Von 1887 bis 1889 wurden zwei Millionen solcher Puppen hergestellt.

–M–
PARIS
GD
4

Jane Gray Co.

New York City

Jane Gray (Stokes) entwarf und fertigte Puppen von 1915 bis 1924. Sie bot sie u.a. unter folgenden Namen an: **Jazz Hound** (1923), **Kuddles** (1917) und **Little Boy Blue** (1921). Am wichtigsten sind jedoch Entwurf und Herstellung von **Margaret Vale's Celebrity Creations**, ein Puppensortiment ab 1924, das berühmte Schauspieler darstellte. Margaret Vale, eine Nichte Woodrow Wilsons, wählte die nachzubildenden Personen aus und sicherte die Rechte für die Puppenherstellung. Jede Puppe trug ein Etikett mit dem Namen des Stars und der jeweils verkörperten Figur (bei der Auswahl der Kostüme wurde sorgfältig auf den Bezug zum betreffenden Film oder Bühnenstück geachtet) sowie einem Autogramm-Faksimile. Es wurden u.a. die folgenden Persönlichkeiten dargestellt:

Ada May
Carroll McComas
Constance Binney
Constance Talmadge
Dorothy Stone
Edith Day
Emma Haig

Fred Stone
Glenn Hunter
Lady Diana Manners
Laurette Taylor
Lilian Gish
Mary Carroll
Mary Hay
Mary Nash
Mitzi
Ramon Navarro

Greif-Puppenkunst

Dresden

Stellte um 1927 gestopfte Filz- und Plüschpuppen her; verwendete Heubach-Köpfe.

GREIF
ECHTE R RASSE
Schlagwort des Betriebes
=ECHTE RASSE=
die wirklich weichgestopfte
•SONDER KLASSE•
*
ERICH REISER, Dresden,
„GREIF TIERKUNST."

"Greif."
Puppenkunst
Germany
7/0

Greiner & Co.

Steinach

Die 1860 als Handelshaus gegründete Firma Greiner & Co. begann 1890 mit der Produktion von Lederpuppen und Puppenteilen. Die Puppen hatten Biskuitköpfe von Armand Marseille, Eichhorn und Ernst Heubach; viele gingen an Borgfeldt.

E.G

Gesetzlich Geschützt

Ludwig Greiner

Philadelphia, USA

Greiner begann 1840 mit der Produktion von Puppenköpfen aus Papiermachee; ab 1874 hieß die Firma Greiner Brothers und ging 1890 in die Firma Knell Brothers über. Greiner-Köpfe auf Puppen von Jacob Lacmann (ebenfalls Philadelphia) sind nichts Ungewöhnliches.

GREINER'S
IMPROVED
PATENT HEADS
Pat. March 30th. '58.

John B. Gruelle

New York City und Norwalk, Connecticut

Schuf die Puppe «Raggedy Ann» und ließ sie 1915 patentieren. Frühe Exemplare dieser Puppe, die ihren heutigen Gegenstücken wenig ähneln, waren auf der Vorderseite des Körpers mit **Patented Sept. 7, 1915** gemarkt.

Jean-Marie Gueppratte

Paris

Jean-Marie Gueppratte ließ 1891 die Schutzmarke **Bébé-Soleil** eintragen. Die Firma war ab ca. 1881 bis 1898 tätig und war auf Puppenköpfe spezialisiert.

MARQUE DÉPOSÉE

BÉBÉ - SOLEIL

Mademoiselle Martha Guerin

Paris

1915 Eintrag der Schutzmarke für Puppen.

François Guillard

Paris

Guillard produzierte und verkaufte um 1847 Puppen. Seine Nachfolger leiteten die Firma bis 1867, als sie von Rémond & Perreau abgelöst wurden. Der Name **Rémond** und der Geschäftsname **A La Galerie Vivienne** finden sich um 1890 auf Aufklebern aus der Zeit um 1890.

A.T GUILLARD JOUETS Rue N des Petits Champs

Louis Guillet

Paris

1896 Eintragung der Schutzmarke **Amour-Bébe**.

AMOUR - BÉBÉ

Silas Guillon

Paris

1926 Eintragung der Schutzmarke **Camelia** für Künstlerpuppen und Puppenköpfe.

CAMELIA

C. Erich Günther

Dresden

Baute 1922 unzerbrechliche Künstlerpuppen.

Gutmann & Schiffnie

Nürnberg und Sonneberg, Thüringen

Die um 1900 gegründete Firma Gutmann & Schiffnie produzierte und verkaufte Puppen. Eingetragene Schutzmarken waren u.a.: **Bébé l'Avenir** (1907), **Bébé Coiffure** (1911), **Boy Scouts** (1914), **Eclaireur** (1914), **Guschi** (1922) und **Mona Lisa** (1914).

guschi Germany

G&S

Bébé l'Avenir

"BÉBÉ-COIFFURE"

'Bébé l'Avenir'

"MONA LISA"

H

Gebrüder Haag

Sonneberg

1878 gegründet, produzierte und verkaufte Puppen und Puppenköpfe. Die erste Marke **Biskuit-Imitation** wurde 1886 eingetragen; die zweite wurde nach 1920 verwendet.

Haas & Czjzek

(siehe Lippert & Haas)

Hermann Hachmeister

Sonneberg

Die 1872 als Hachmeister & Franz gegründete Firma produzierte Nanking- und Porzellanpuppen sowie Composition-Köpfe. Die Schutzmarke wurde 1880 eingetragen; 1920, unter neuer Leitung, nannte sie sich Hachmeister & Co.

Hahn & Co.

Nürnberg

Hahn & Co. ließ 1921 **Hanco** als Schutzmarke für Puppen, Stofftiere und Plüschbären eintragen.

Hamburger & Co.

New York City, Berlin und Nürnberg

Die 1889 gegründete amerikanische Firma verkaufte Puppen an Strawbridge & Clothier und andere amerikanische Warenhäuser. Sie produzierte mehrere Puppensortimente und erwarb zahlreiche Patente für bekleidete und Gelenkpuppen. Die Schutzmarken **D.P.** und **H & C** wurden 1895 eingetragen. Hamburger verwendete u.a. die Bezeichnungen **Brownie Policeman** (1905), **Dolly Dimple** (1907), **Imperial** (1898), **Imperial H & Co.** (1901), **Marguerite** (1903), **Old Glory** (1902), **Lillian Russell** (1903), **Santa** (1901) und **Viola** (1903). Hamburger verwendete Köpfe aus deutscher Herstellung, u.a. von Gebrüder Heubach (Dolly Dimple) und Simon & Halbig (Imperial und Santa). Santa-Köpfe sind entweder nur mit der Schutzmarke, mit Name und Formennummer 1249 oder 1429 oder nur mit der Formennummer gemarkt. Die Firma schloß 1909.

S&H 1249 DEP
Germany
12
SANTA

Made in Germany
Viola
H.&Co.

D.P. H.&C. Registered.

5777
DEP
DOLLY DIMPLE
H
Germany
7

Hamley Bros.

London

In der zweiten Hälfte des 19. und Anfang des 20. Jahrhunderts importierte Hamley Bros. Puppen aus Europa und Amerika, u.a. Pierotti-Puppen, und exportierte Puppen in alle Welt. Der Firmenname befindet sich auf an den Puppen angebrachten Etiketten. Schutzmarken waren u.a.:

The Bluestocking Dolls (1917)
Buster Brown (1904)
Cilly Billy (1919)
Diddums (1920)
Elfie (1913)
Fums Up (1914 – siehe Abb.)
Lulu (1916)
Ni-Ni (1911)
Pooksie (1914)
Thumbs Up (1914 – siehe Abb.)
Wu Wu (19157)

FUMS UP

THUMBS UP

S. Hancock & Sons

Cauldon, England

Die 1891 gegründete Firma stellte mit die besten englischen Porzellan-Puppenköpfe her, zumeist mit Intaglio-Augen. Um 1935 fusionierte sie mit der Corona Pottery, Hanley. Auf Hancock-Puppen finden sich u.a. folgende Marken: **S.H. & S.**, **N.T.I.** (Körper) und **Made in England, H. & S.P. Hancock**.

NTI BOY
ENGLISH MAKE

Heinrich Handwerck

Waltershausen

Heinrich Handwerck gründete seine Firma 1886 und produzierte verschiedene Puppen mit Kugelgelenken; viele hatten Köpfe, die nach eigenem Entwurf von Simon & Halbig angefertigt wurden, u.a. das Bébé Superior (Form-Nr. 174). Nach seinem Tod, 1902, kaufte Kämmer & Reinhardt die Fabrik und betrieb sie unter dem Namen Handwerck weiter. Unter der neuen Leitung produzierte Handwerck Künstlerpuppen als Serienware sowie Babys und Puppenteile. Die Firma schloß 1918, wurde aber 1921 im Besitz von Heinrich Handwerck jr. wiedereröffnet, der die Anlagen nach Gotha verlegte, wo bis zur Schließung, 1932, Puppen mit Kugelgelenken hergestellt wurden.

Die Form-Nummern 69, 79, 89, 99, 109, 119, 139, 174, 189 und 199 tauchen auf Handwerck-Puppen auf. Außerdem wurden Varianten der Initialen (**H, HHW, HchH** usw.) verwendet. Die Firma führte u.a. folgende Marken: **Baby Cut** (1914), **Bébé Cosmopolite** (1895), **Bébé de Réclame** (1898), **Bébé Superior** (1913), **La Belle** (1914), **La Bonita** (1914) und **Lotti** (1914).

Heinrich Handwerck
Germany
7

Heinrich Handwerck
D.R.Patent No 100279
Germany

MADE IN GERMANY
Hch 2H

139.
295.
H 1 H

Hch 6/0 H
Germany

Germany
HANDWERCK
HALBIG

H H
420
Germany
72

Germany
H H
S&H
4/0

79.3X
HW

Max Handwerck

Waltershausen

Die 1899 gegründete Firma Max Handwerck verwendete Puppenköpfe von F & W Goebel und produzierte Porzellan- und Biskuitpuppen, Puppenteile und -kleider. Eingetragene Schutzmarken: **Bébé Elite** (1901), **Cornouloid-Doll Madame Butterfly** (1913) und **Triumph-Bébé** (1902). Die Firma arbeitete bis in die 20er Jahre.

Dep.
Elite
E 2/0

Germany
MAX
HANDWERCK
0 1/4

Max Handwerk
Bebe Elite
B90/185
4 1/2
Germany

Hannebelle

Paris

Ab 1909 Herstellung von Biskuitpuppen.

Depose
AH
PARIS

Harburger Gummiwarenfabrik

Harburg

Herstellung von Gummiwaren, darunter um 1925 Gummipuppen mit der Bezeichnung **Phoenix Gummipuppen**. Schutzmarke: **Phoenix Quick**.

Phoenix
QUICK

Carl Harmus jr.
Sonneberg

Die 1887 gegründete Firma stellte Gelenkpuppen und Puppenköpfe her. Von 1900 bis Mitte der 20er Jahre spezialisierte sie sich auf Sprechpuppen und Stofftiere.

Harmus
2

Carl Hartmann
Neustadt

Die 1899 gegründete Firma Hartmann produzierte Gelenkpuppen mit Biskuitkopf und später Charakterbabys und -puppen. Als Exporteur bot die Firma Puppen von Kämmer & Reinhardt an und lieferte häufig auf Kundenwunsch ungemarkte Puppen. Die Firma Hartmann verwendete u.a. folgende Schutzmarken: **Erika** (1922), **Globe-Baby** (1899), **Hansa** (1902), **Paladin-Baby** (1903) und **Thuringia** (1902). Die Firma arbeitete bis in die 30er Jahre.

GLobe Baby
DEP
Germany
C3H

DEP
CH
10/0
GERMANY

Karl Hartmann
Stockheim

Von 1911 bis 1926 stellte Hartmann Puppen mit Kugelgelenken und Charakterbabys mit biegsamen Gliedern und Papiermachee-Köpfen her.

30
K H 3

Hausman & Zatulove
New York City

Hersteller der **Ku-Tee**-Stoffpuppen mit Gelenken; die Schutzmarke **Hau-zat** (1919) setzt sich aus den Anfangsbuchstaben der beiden Inhabernamen zusammen.

KU-TEE
SANITARY
DOLL

H-Z

Paul Hausmeister & Co.
Göppingen

1909 ließ die Firma einen Storch als Schutzmarke für Puppenköpfe auf Gelatine-Basis eintragen. Man beachte die Ähnlichkeit mit der Marke der Parsons-Jackson Company, die Puppen aus einer Art Zelluloid herstellte.

George H. Hawkins
New York City

Hawkins erwarb 1868 ein Patent für die Herstellung von Puppenköpfen aus leimgetränktem Stoff. Seine Schulterköpfe befinden sich auf einigen mechanischen und Dreirad fahrenden Puppen und sind mit **X.L.C.R.** gemarkt, was **Excelsior** bedeutet.

X.L.C.R.
DOLL HEAD
Pat. Sept. 8, 1868

Hawkins & Stubblefield

Rogers, Arkansas

1917 Eintragung der Schutzmarke «SAM-ME» für Puppen.

"SAM-ME"

Heber & Co.

Neustadt

Die von 1900 bis 1922 tätige Firma stellte Porzellan-Puppenköpfe her.

514 H&C 16/0

Else L. Hecht

München

Gegründet 1913; schuf Künstlerpuppen. 1926 Namensänderung auf Else Lill Kolmar-Hecht.

Therese Heininger

Dresden

1925 Eintragung der Schutzmarke **Original Rose Hein Puppen**.

Rudolph Heinz & Co.

Neuhaus am Rennweg

Diese Porzellanfabrik wurde 1858 gegründet; bis in die 20er Jahre galt nur ein geringer Teil ihrer Produktion den Puppen. Zu dieser Zeit änderte sich der Firmenname in Älteste Volkstedter Porzellanfabrik AG (daher das AV in der Marke).

9500
Neuhaus
AV.
am Rwg.
2/0 x
Germany

Berthold Helk

Neustadt

Helk stellte von ca. 1913 bis 1930 Stoffpuppen und Puppenkörper her. Er verwendete die beiden Marken **Rinaldo** und **Torino** zur Unterscheidung der Qualität bzw. der Preisklasse – billig oder teuer – der beiden von ihm produzierten Puppentypen. Die Marke **Beha** ist die phonetische Wiedergabe seiner Initialen.

Adolf Heller

Waltershausen

Nach einigen Jahren Partnerschaft mit Hugo Seyfarth gründete Heller 1909 eine eigene Firma. Er produzierte Kugelgelenk-Puppen und sprechende Charakterbabys unter den beiden Marken **Meine Goldperle** (1914) und **Mein liebes Kind** (1925).

A 10 H

Alfred Heller
Meiningen

Produzierte zwischen 1900 und 1910 Metall-Puppenköpfe unter der Schutzmarke **Diana** (1903).

Henze & Steinhäuser
Erfurt und Gehren

Die 1869 gegründete Firma stellte ursprünglich Puppen in handgenähten Trachten her. 1886 zog der Betrieb nach Gehren um, wo Wollpuppen maschinell produziert wurden. Nach einigen Jahren Unterbrechung wurde die Arbeit um 1903 wieder aufgenommen und bis um 1930 mit verschiedenen bekleideten Puppen fortgesetzt, die mit Woll- oder Zelluloidköpfen geliefert wurden. Eingetragene Schutzmarken waren **Gehrenia** (1912) und **Henza** (1925).

Hering & Sohn
Köppelsdorf

Diese Firma erlebte seit ihrer Gründung 1893 mehrere Besitzerwechsel, bis sie 1912 die Produktion von Biskuit-Puppenköpfen einstellte. Die meisten Köpfe entstanden ab 1902 unter der Leitung von Julius Hering; diese sind mit **J.H. & W.**, **J.H.S.** oder **J.H. & S.** gemarkt.

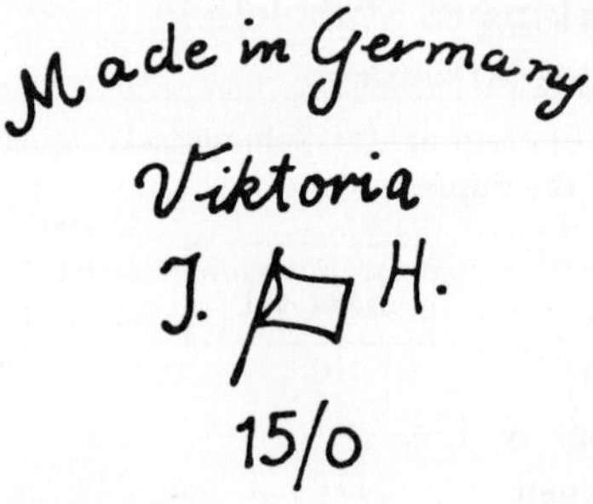

Hermsdorfer Celluloidwarenfabrik
Berlin-Hermsdorf

Zwischen 1923 und 1926 bot die Firma Zelluloidpuppen an, von denen einige aus einer angehängten Flasche trinken konnten. Eine der verwendeten Schutzmarken war der **Marienkäfer**.

E, J. Herte
Milwaukee, Wisconsin

1937 Eintragung der Schutzmarke **Billie the Brownie** für Puppen.

Hertel, Schwab & Co.
Stutzhaus

Die 1910 gegründete Stutzhauser Porzellanfabrik produzierte mindestens zwei Jahrzehnte lang Biskuitköpfe, Charakterpuppen und Badepuppen. Cieslik weisen darauf hin, daß viele der Form-Nummern für Charakterbabys dieser Firma (150, 163, 165, 173) Kestner zugeschrieben wurden, tatsächlich aber von Hertel, Schwab & Co. stammen. Die Firma produzierte zahlreiche Köpfe für andere deutsche Hersteller, u.a. Kley & Hahn und König & Wernicke; einige Formen (z.B. **Bye-Lo**) waren für den amerikanischen Markt bestimmt, wo vor allem Borgfeldt und Louis Wolf als Händler für Hertel, Schwab & Co. auftraten. Schon kurz nach Gründung der Firma bestellte Strobel & Wilken das Googlypuppen-Sortiment **Jubilee**. Die Form-Nummern hierfür waren 163, 165, 172 und 173.

An Form-Nummern sind aus der Produktion dieser Firma bekannt: 130, 132, 133, 134, 135, 136, 138, 141, 142, 143, 147, 148, 149, 150, 151, 152, 157, 158, 159, 160, 161, 162, 163, 165, 166, 167, 169, 170, 172, 173, 176, 180, 200, 208, 217, 220 und 222.

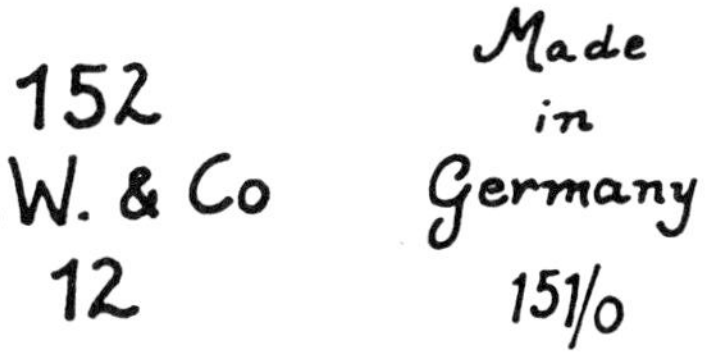

Hertwig & Co.

Katzhütte

Die Porzellan- und Steingutfabrik wurde 1864 gegründet und stellte später 20 Jahre lang Porzellan-Puppenköpfe her. Die Firma produzierte Nanking- und vielerlei andere Puppen. Eingetragene Warenzeichen waren **Hewika** (1925) und **Biscoloid** (1929). Hertwig & Co. lieferte Köpfe für die **Pet Name**-Puppen der Butler Brothers, New York. Hertwig produzierte in den 20er Jahren auch die **Buster Brown**-Puppen und bestand noch mindestens bis zum Beginn des II. Weltkriegs.

Herzpuppen-Fabrik

Berlin

1923 Eintragung der Schutzmarke **H.P.F.** für Wachspuppen sowie Künstler- und Teepüppchen.

Albin Hess

Schalkau

Hess gründete seine Firma 1913 und stellte Puppenzubehör her. Um 1922 prodzierte er bekleidete Puppen, Puppen mit beweglichen Augen und Puppen mit eingebauter Spieluhr. 1930 ließ er die Schutzmarke **Gymnastik-Doll** eintragen.

Ernst Heubach

Köppelsdorf

Ernst Heubach gründete 1887 eine Porzellanfabrik zur Herstellung von Biskuit-Puppenköpfen und Badepuppen. Nach 1910 spezialisierte er sich auf Charakterpuppen, darunter auch exotische Negerpuppen, und produzierte Köpfe für andere deutsche Hersteller, u.a. A. Wislizenus, Gebrüder Ohlhaver, Cuno & Otto Dressel und Luge & Co. 1919 fusionierte Heubach mit Armand Marseille; das neue Gemeinschaftsunternehmen erhielt den Namen United Porcelain Factory of Köppelsdorf. Die Verwendung des Namens **Heubach Köppelsdorf** im Warenzeichen dürfte im allgemeinen auf die Entstehungszeit einer Puppe nach der Fusion hinweisen. Die Partnerschaft endete 1932.

Zu den Heubach zugeschrieben Formennummern gehören: 219, 235, 236, 237,

238, 241, 242, 250, 251, 252, 259, 260, 261, 262, 263, 264, 266, 267, 268, 269, 271, 274, 275, 276, 281, 282, 283, 284, 289, 291, 292, 300, 301, 302, 312, 313, 317, 320, 321, 323, 334, 339, 340, 341, 342, 343, 344, 345, 348, 349, 350, 399, 400, 406, 407, 414, 418, 427, 437, 438, 439, 444, 445, 448, 450, 451, 452, 458, 459, 463, 471 und 480. Frühe Schulterköpfe sind mit dem Hufeisen und dem Produktionsjahr gemarkt.

DEP. 1900

3/0

H

275 · 11/0
E · H · Germany
D · R · G · M ·

8/0 H 33

Heubach · Köppelsdorf
339 · 3/0
Germany

Gebrüder Heubach

Lichte

1840 kaufte die Familie Heubach eine Porzellanfabrik in Lichte und begann kurz darauf mit der Herstellung von Porzellanfiguren. Die Sonnenmarke wurde 1882 eingetragen; es steht allerdings nicht fest, ob Heubach schon vor 1910, als die Eintragung der quadratischen **Heubach**-Marke erfolgte, seine berühmten Porzellanköpfe mit Intaglio-Augen angefertig hat. Aufgrund der enormen Stückzahl und Vielfalt der Charakterpuppenköpfe und Biskuitpuppen aus dieser Fabrik ist eine eindeutige Identifizierung schwierig. Einige der von der Firma verwendeten Marken sind hier abgebildet. Die Form-Nummern, die auf Serien von 5600 bis 12000 Stück erscheinen, sind viel zu zahlreich, um hier aufgeführt zu werden. Viele Köpfe wurden für andere deutsche Firmen sowie für den Export nach USA produziert. Eine der ansprechendsten und beliebtesten Charakterpuppen, **Whistling Jim**, wurde für Wagner & Zetsche, Ilmenau, angefertigt.

GH DEP

HEU BACH

77 DEP 45
Germany

8192
Germany
Gebrüder Heubach
HEU BACH
G H

6969
8
Germany

8192
Germany.
Gebrüder Heubach
HEU BACH
4½
G · O H.

Heubach, Kämpfe & Sontag

Wallendorf

Die 1763 eingerichtete Porzellanfabrik produzierte von 1874 bis 1894 Puppenköpfe.

W

Carl Heumann

Sonneberg

Die 1902 gegründete Firma war mindestens bis 1930 tätig. Ihre bekanntste Puppe, das **Suck-Thumb Baby** entstand Ende der 20er Jahre.

Hewitt Bros.

Longton, England

Herstellung von Porzellanpuppen. Ließ 1920 die Schutzmarke **Suner** eintragen und verwendete auch die Marke **H & L**.

H&L
WILLOW ② ENGLAND

Hermann Heyde

Dresden

Gegründet 1867; Eintragung der Schutzmarke für Puppen und Puppenausstattung 1910. Setzte den Betrieb mindestens bis 1920 fort.

HH
D

Edmond Hieulle

Paris

Eintragung der Schutzmarken **Parfait-Bébé** und **Montreuil-Bébé** 1917, dazu ein Wappenschild mit den Initialen MSB.

PARFAIT-BÉBÉ
PARIS

MONTREUIL-BÉBÉ

Thomas H. Hindle, Jr.

New York City

Hindle stellte eine Puppe mit Engelsgesicht her; 1915 Eintragung der Marke **Wot-Zat**.

Hinrichs & Co.

New York City

1890–1904 Herstellung und Import von bekleideten Puppen, Porzellan-, Gummi- und Gelenkpuppen sowie Puppenköpfen. Ließ **H & CO.** als Schutzmarke eintragen und unterhielt enge Handelsbeziehungen zu Heinrich Handwerck in Deutschland.

H&Co

Fernand et Paul Hirschler

Paris

Ließ 1919 die Schutzmarke **Le Jouet Artistique** eintragen; verwendete auch die Initialen **F.P.H.**

Hitz, Jacobs & Kassler

New York City

Der Puppenimport Hitz, Jacobs & Kassler wurde 1918 gegründet. Verkauft wurden die Sortimente **Kiddiejoy** (Köpfe von A. Marseille), **Hoopla Girls** und **Ja Ja**. 1925 wurde die Firma in Jacobs & Kassler umbenannt.

HJK JK

Carl Horn Nachf.

Dresden

Um 1916 bis 1930 Herstellung von Miniatur- und Trachtenpuppen.

E. I. Horsman & Co.

New York City

Zwischen 1870 und 1880 begann der Spielwarenhändler Edward I. Horsman mit dem Import von Puppen aus Europa. Um 1900 stellte die Firma auch selbst Puppen her und zeigte bald ein Gespür für die jeweils jüngsten amerikanischen Vorlieben und Trends. Als Stoffpuppen populär wurden, produzierte Horsmann ein Sortiment mit fotografierten Gesichtern (1907). Internationale Ereignisse, wie Cooks und Pearys Nordpolexpedition (1909) wurden ebenso ausgenützt wie der Ausbruch des I. Weltkriegs. Horsmann verpflichtete bekannte Künstler zum Entwurf seiner Puppen, u.a. Charles Twelvetrees, Grace Drayton, Helen Trowbridge und Laura Gardin. 1909 sicherte sich Horsmann die Exklusivrechte an den **Cant't Break 'Em**-Köpfen der Aetna Company; kaum zehn Jahre später fusionierten die beiden Firmen und produzierten ein neues Composition-Material **Adtocolite**. Darüber hinaus arbeitete Horsmann mit der Fulper Pottery in der Produktion amerikanischer Biskuitköpfe zusammen. Nach 1925 kaufte die Regal Doll Manufacturing Company die Rechte an der Firma Horsman, die sie heute noch ausübt. Von der Firma verwendete Markennamen:

Annette (1912)
Army Nurse (1917)
Art Dolls (1910)
Baby Bill (1911)
Baby Blossom (1913)
Baby Bobby (1911)
Baby Bumps (1910 – siehe Abb.)
Baby Darling (1915)
Baby Butterfly (1913)
Baby Horsman (1923)
Baby Peterkin (1911)
Baby Rosebud (1914)
Babyland Rag (1904)
Bauernkinder (1914)
Bébé Premier (1911)
Betty (1909)
Betty Blazer (1912)
Betty Bright (1916)
Big Baby Bumps (1910)
Big Candy Kid (1911)
Big Sister (1916)
Billiken (1909)
Billy Blink (1912)
Bingo (1911)
Blink (1915)
Blue Bird Doll (1920)
Bo Peep (1909)
Bobby (1910)
Boby Bright (1906)
Boy Scout (1913)
Bright Star (1930er)
British Tommy (1917)
Bye Bye Kiddies (1917)
Camp Fire Girl (1913)
Campbell Kids (1910)
The Candy Kid (1911)
Canton Kids (1915)
Carl (1911)
Carnival Baby (1912)
Chinkee (1911)
Christening Baby (1913)
The Colgate Kid (1914)
Cotton Joe (1911)
Cy (1909)
Cycle Kids (1915)
Daisy Darling (1906)
Daisy Dimple (1912)
Drowsy Dick (1914)
Dutch Hans, Dutch Gretchen (1911)
Eric (1913)
Fairy (1911)
Gee-Gee Dolly (1912)
Gene Carr Kids (1916)
Gold Medal Prize Baby (1911)
Golden Jubilee (1915)
Golf Boy, Golf Girl (1909)
Happy Hiram (1912)
HEbees-SHEbees (1925)
Helen (1914)
Hitchy Koo (1913)
Jack Tar (1911)
Jackie Coogan Kid (1921)
Jane (1915)
Janet (1911)

Jap Rose Kids (1911)
Joffre (1918)
Kickapoo (1911)
Life Like Faces (1906)
Little Billy (1912)
Little Fairy (1906)
Little Mary Mix-Up (1919)
Little Peterkin (1918)
Little San Toy (1911)
Little Sunshine (1913)
Manikin Dolls (1920)
Mascot (1912)
Master Sam (1917)
Merry Max (1913)
Middie (1917)
Mike (1915)
Mischievous Pippen (1910)
Mis Campbell (1914)
Miss Janet (1914)
Miss Mischief (1911)
Miss Sam (1917)
Nancy Lee (1912)
Nature Babies (1912)
Our Baby (1913)
The Panama Kid (1915)
Patty-Cake (1918)
Peasant Children (1917)
Peek-a-Boo (1913)
Peter Pan (1913)
Peterkin (1910)
Phoebe (1914)
Pinafore (1920)
Pocahontas (1911)
Polly (1914)
Polly Prue (1912)
Polly Wise (1921)
Pop Eyes (1916)
Robbie Reefer (1912)
Rookie (1917)
Rosebud Babies (1920)
School Boy, School Girl (1911)
Skinney (1915)
Snookums (1910)
Snowball (1915)
Stella (1903)
Sucker Thumb (1912)
Sunbonnet Girl (1911)
Sunbonnet Sal (1912)
Sunbonnet Sue (1909)
Sunshine (1913)
Teddy (1911)
Tom Thumb (1911)
Tommy Trim (1906)
Toodles (1911)
Tootsie (1911)
Topsy (1909)
Tynie Baby (1924)
Uncle Sam's Kids (1917)

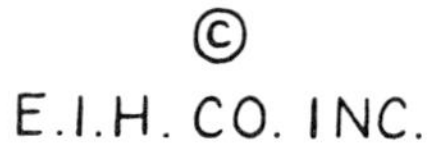

Arthur E. Hotchkiss

New Haven, Connecticut

Schuf die Laufpuppe **Empress Eugenie Doll** mit Uhrwerkantrieb (1875); das Patentdatum, **September 21, 1875**, wurde in beide Schuhe eingraviert.

Adolf Hülss

Waltershausen

Die seit 1913 bestehende Firma Adolf Hülss produzierte verschiedene Gelenkpuppen, Biegebabys, Biskuitköpfe und Puppenteile. Die Schutzmarke **AHW** wurde 1925 eingetragen, 1927 folgte **Nesthäkchen**. Wie aus der abgebildeten Marke hervorgeht, verwendete Hülss auch Köpfe von Simon & Halbig, und zwar mit den Form-Nummern 156 und 157, sowie Zelluloidköpfe der Rheinischen.

Dr. Paul Hunaeus
Hannover-Linden

Die 1890 gegründete Fabrik von Hunaeus fertigte Puppen und Puppenköpfe aus Zelluloid. 1901 wurde die Schutzmarke **PH** eingetragen, 1927 **Natura** und 1928 **Peha**. Hunaeus fusionierte 1930 mit der Rheinischen Gummi- und Celluloid-Fabrik.

PH

Maison Huret
Paris

Von ca. 1850 bis wenigstens 1920 Herstellung verschiedener Puppen; eine Variante der abgebildeten Marke wurde normalerweise auf die Brust gestempelt.

MEDAILLE D'ARGENT
HURET
22 Boulevd Montmartre
PARIS
EXPON UNIVERLLS 1867

HURET
68 RUE DE LA BOETIE

Huttinger & Buschor
Behringerdorf

Die 1920 gegründete Firma Huttinger & Buschor ließ im folgenden Jahr die Schutzmarke **Casadora** eintragen. Sie bezeichnete sowohl Biegebabys als auch Gelenkpuppen, die alle auf lebendige Mimik hin entworfen waren, sie konnten weinen, den Kopf schütteln, laufen und in die Hände klatschen. Die Firma bestand während der ganzen 20er Jahre.

I

Ideal Novelty & Toy Co.
Brooklyn, New York

Morris Michtom gründete seine erfolgreiche Firma um 1906 und stellte ab 1909 unzerbrechliche Charakterpuppen her; die Firma pries die Dauerhaftigkeit ihres Composition-Materials als unerreicht. Ideal produzierte Hunderte von Puppentypen, davon viele als Laufpuppen und mit Schlafaugen. Meist sind sie leicht zu identifizieren, da der Name **Ideal** stets Teil der die Jahre hindurch verwendeten Markenzeichen war. **Shirley Temple** war während der 30er Jahre eine der erfolgreicheren Puppen. Die Firma stellt noch heute Puppen her. Bezeichnungen, die vor dem II. Weltkrieg verwendet wurden:

Admiral Dot (1914)
Arctic Boy (1913)
Baby Bettie (1913)
Baby Betty (1917)
Baby Bi-Face (1916)
Baby Bunting (1914)
Baby Lolo (1914)
Baby Marion (1913)
Baby Mine (1911)
Baby Paula (1914)
Baby Snooks (1938)
Baby Talc (1915)
Baseball Kids (1915)
Beau Brummel (1924)
Betsy Wetsy (1937)
Broncho Bill (1914)
Bulgarian Princess (1914)
Captain Jinks (1912)
Carrie Joy (1924)
Clown with Box of Cookies (Zu-Zu Kid) (1916)
Columbia Kids (1917)
Compo Baby (1917)
Country Cousins (1913)
Cracker Jack Boy (1917)
Dandy Kid (1911)
Dolly Varden (1915)
Dorothy (um 1939)
Dottie Dimples (1915)
Deanna Durbin (1938)
Elsie (1918)
Farmer Kids (1915)
Flora (1913)
Flossie Flirt (1924)
Freddie (1913)
Gabby (1939)
Greenwich Village Vincent, Vivian (1923)
Hush-a-Bye-Baby (1925)
Jenny Wren (1915)
Jiminy Cricket (1940)
Liberty Boy (1917)
Little Mother Teaching Dolly to Walk (1920)
Little Princess (1914)
Mabel (1916)
Magic Skin Baby (1940)
The Middy Girl (1913)
Miss Rainshine (1922)
Mortimer Snerd (1938)
Nancy Jane (1922)
Naughty Marietta (1912)
Old Glory Kids (1916)
Our Pet (1915)
Papa and Mama Dolls (1922)
Peter Pan (1928)
Pinocchio (1940)
Poppa-Momma Doll (1922)
Prize Baby (1915)
Rosy (Miss Rosy Cheeks) (1925)
Russian Boy (1912)
Sanitary Baby (1915)
Shirley Temple (1930er – siehe Abb.)
Sleeping Beauty (1917)
Snoozie (1933)
Soozie Smiles (1923)
Snow White and Seven Dwarfs (1939)
Sucker Thumb Baby (1924)
Sunny Jim (1914)
Surprise Baby (1923)
Sweater Boy (1917)
Tennis Girl (1915)
Ticklette (1931)
Tiny Toddler (1913)
Uneeda Biscuit Boy (Uneeda Kid) (1915)
Walking, Talking, Sleeping (1920er)
Zu-Zu Kid (1916)

Trade Mark

Carl A. Illing & Co.

Sonneberg

Die 1925 gegründete Firma nannte sich ab 1930 Illco Puppenfabrik.

Indestructo Specialties Co.

New York City

1915 Eintragung der Schutzmarke **ISCO** für unzerbrechliche Charakterpuppen; im selben Jahr wurde auch die Marke **Sunshine Kids** verwendet.

India Rubber Comb Co.

New York City

Nach 1850 Herstellung von Gummipuppen unter Verwendung des Goodyear-Patents.

I.R. COMB Co.

Abraham and Henry Isaacs

London

Verkauf der **Cherub Doll** (1886) und anderer Stoffpuppen; Import bekleideter Puppen.

J

Jacobs & Kassler

(siehe Hitz, Jacobs & Kassler)

Jäger & Co.

(siehe Friedrichsrodaer Puppenfabrik)

Jointed Doll Co.

North Springfield, Vermont

Stellte Gelenkpuppen aus Holz und Puppenköpfe aus Composition her. Einige dieser Puppen tragen um die Hüfte einen schwarzen Papierstreifen mit der Aufschrift **Improved Jointed Doll, pat. April 29 '79, Dec. 7 '80, & Nov. 7 '82.**

E. S. Judge & Co.

Baltimore und Philadelphia

Edward S. Judge erwarb zwei Patente: 1868 für ein verbessertes Papiermachee und 1875 für Papiermachee-Köpfe. Seine Marken enthalten normalerweise ein Patentdatum – entweder wie abgebildet oder **Judge's Indestructible Doll Head, No. 3, March 24th, 1868.** Wann E. S. Judge & Co. in Judge & Early umbenannt wurde, steht nicht fest.

JUDGE & EARLY
N. 2
Pat'd July 27, 1875

Walter Jügelt

Neustadt

1923-24 Herstellung bekleideter Puppen.

Jullien
Paris

Die 1863 gegründete Firma Jullien produzierte anfangs Billigartikel; ab 1875 sind verschiedene Puppentypen nachgewiesen, darunter Nanking- und Holzpuppen sowie Musikfiguren. Jullien führte 1892 die Marke **L'Universal** für eine Babypuppe aus Composition ein.

JULLIEN

Jumeau
Paris

Das Haus Jumeau (Maison Jumeau), mehrfach auf den bedeutendsten Messen des 19. Jahrhunderts ausgezeichnet, begann mit der Herstellung von Puppen, als Pierre François Jumeau in einem Gemeinschaftsunternehmen unter dem Namen Belton & Jumaeu 1843 eine Puppenfabrik gründete. Obwohl die Partnerschaft mit dem Tod Beltons endete, waren Puppen von Belton & Jumaeu hochgeschätzt. Sobald Jumeau 1873 seine eigene Fabrik in Montreuil gegründet hatte, herrschte starke Nachfrage nach Jumeau-Puppen wegen ihrer exquisiten Kleidung. Damals hatten Jumeau-Köpfe einen guten Ruf aufgrund schöner Bemalung mit zarten Schattierungen, die Jumeau-Körper galten jedoch als enttäuschend plump. Jumeaus ältester Sohn schuf hier Abhilfe, indem er eine Fabrik einrichtete, die alle Fertigungsstufen, einschließlich der Kleidung umfaßte. Daraus gingen die weltberühmten Jumeau-Gesichter mit ihren bezaubernden Paperwight-Augen hervor. Jumeau erhielt auf der Pariser Weltausstellung von 1878 eine Goldmedaille; von da an produzierte Puppen sind auf dem Körper bzw. den Schuhen mit **Medaille d'Or** oder **MED. OR 1878** gemarkt. Ab 1894 nannte man Émile Jumeau «Roi des Poupées» (Puppenkönig), und nach seinen Puppen herrschte weltweite Nachfrage. 1899 jedoch wurde Jumeau unter starkem wirtschaftlichen Druck und angesichts der wachsenden deutschen Konkurrenz Mitglied des S.F.B.J.-Syndikats. Der Firmenname bestand weiter, und die 1891 eingeführte **Bienenmarke** (Stempel auf der Schuhsohle) wurde nach 1921 auch von S.F.B.J verwendet.

Die genaue Identifizierung von Jumeau-Puppen kann dem Sammler einige Mühe bereiten. Frühe Jumeau-Puppen sind ungemarkt; Puppen mit der Marke **J** entstanden, bevor Émile Jumeau die Firma leitete (um 1875), wobei eine zweifelsfreie Aussage über die Authentizität schwerfällt. 1881 erklärte Émile Jumeau, daß jede von ihm hergestellte Puppe mit seinem Namen (oder seinen Initalen) gemarkt sei; als er jedoch 1892 die Produktion erheblich steigerte, unterblieb vielfach die Markung.

Bei den Jumeau zugeschriebenen Marken ist zu beachten, daß die häufig auf den Köpfen auftauchenden Ziffern (6–14) sich auf Größen und nicht auf Form-Nummern beziehen. Wahrscheinlich hat Simom & Halbig Ende der 1880er Jahre in den 200 Serien für Jumeau eigene Form-Numern verwendet, eine bestimmte Nummer konnte jedoch nicht identifiziert werden. Jumeau verwendete u.a. folgende Bezeichnungen: **Bébé Incassable** (1885), **Bébé Jumeau** (1886), **Bébé Marcheur** (1895), **Bébé Phongraphe** (1895), **Bébé Prodige** (1886) und **Parisiennes** (1885).

J

JUMEAU
1 R

DÉPOSÉ
E. 7 J.

8
EJ

DEPOSE
ECJ

DÉPOSÉ
TETE JUMEAU
Bte SGDG
8

B.12.L

9
PARIS

DÉPOSÉ

JUMEAU
MEDAILLE D'OR
PARIS

BÉBÉ JUMEAU
Bte S.G.D.G. DÉPOSÉ

Jacob Jung

Mannheim

1912 Eintragung eines Warenzeichens für Zelluloidpuppen.

K

Lucien Kahn

Montreuil-sous-Bois, Frankreich

1926 Eintragung der Schutzmarke **Moglette** für Puppen.

MOGLETTE

Joseph Kallus

(siehe Cameo Doll Co.)

Kämmer & Reinhardt

Waltershausen

Diese berühmte Partnerschaft von Kämmer als Modelleur und Reinhardt für die geschäftlichen Angelegenheiten entstand 1886 und begründete ihren dauerhaften Ruf 1909 mit der Einführung eines berühmten **Charakterpuppen**-Sortiments, wovon wohl **Baby** (Form-Nr. 100) am bekanntesten ist. Die Charakterpuppen von K&R waren ein großer Erfolg und sind von Sammlern heute sehr gesucht, insbesondere die betrübt dreinschauenden «Pouties». Alle Puppen von K&R nach 1902 haben Köpfe von Simon & Halbig; sie deswegen als S&H-Puppen zu bezeichnen wäre dennoch falsch, da sie nach genauen Angaben anhand der K&R-Modelle hergestellt wurden. Viele Sammler halten immer noch K&R-Puppen für S&H-Puppen, da der K&R-Teil der Doppelmarke häufig von der Perücke verdeckt ist. (Kämmer & Reinhardt kaufte 1920 Simon & Halbig auf, beide Firmen betrieben ihre Geschäfte jedoch unabhängig weiter.)

Kämmer & Reinhardt war ein sehr innovatives Unternehmen und nahm nicht nur bei der Entwicklung der Charakterpuppe – neuartige Augenmechanik und andere naturgetreue Einzelheiten (z.B. Zähne) – eine Vorreiterstellung ein, sondern führte auch zur Anpassung an wechselnde Kleidermoden wie auch mit dem Ziel, die Babys realistischer wirken zu lassen, Änderungen im Körperbau der Puppen herbei. Man nimmt an, daß die Firma 1909 das Baby mit biegsamen Gliedern einführte. Als 1920 kurze Kinderkleider aufkamen (die das wenig ansehnliche Kniegelenk der Puppen enthüllt hätten), führte K&R klugerweise Puppen mit längeren Unterschenkeln ein, deren Gelenk oberhalb des Knies sitzen konnte.

Vor der Zusammenarbeit mit Simon & Halbig verwendete K&R nur wenige Marken, die zweifelsfrei feststehen, u.a. **K & R 192** und **K & R** (eingetragen 1896). K&R zugeschriebene Formennummer nach 1902: 100, 101, 102, 103, 104, 105, 106, 107, 108, 109, 110, 111, 112, 113, 114, 115, 115A, 116, 116A, 117, 117A, 117X, 117n, 118, 118A, 119, 120, 121, 122, 123, 125, 126, 127, 127n, 128, 129, 130, 131, 132, 133, 144, 146 – 169, 170, 171, 173, 175, 200, 201, 210, 214, 225, 245, 246, 248, 255, 256, 265, 400, 401, 402, 403, 406, 500, 509, 510, 511, 526, 531, 550, 552, 600, 615, 626, 631, 651, 652, 665, 675, 700, 701, 715, 716, 717, 718, 719, 720, 721, 726, 727, 728, 730, 773, 775, 776, 777, 800, 817, 826, 828, 831, 873, 900, 901, 917, 921, 926, 952, 973, 975 und 977.

Edmund Steiners Marke **Majestic** ließ Kämmer & Reinhardt 1902 eintragen, es wurde aber auch Armand Marseilles Marke auf Köpfen vorgefunden.

Zu den für K & R eingetragenen Schutzmarken gehören:

Baby (1909)
Baby Bauz (1911 – für Käthe Kruse produziert)
Charakterpuppe (1909)
Die Kokette (1907)
Der Schelm (1908)
Der Unart (1916)
The Flirt (1908)
Gretel (1909)
Hans (1909)
Majestic Doll (1902)
Mammy (1924)
Mein Kleines (1911)
Mein Liebling (My Darling) (produziert 1902 bis mindestens Ende der 20er Jahre) (1902)
Mein Lieblingsbaby (1924)
My Sweet Darling (1912)
Nolli-Polli (1930)

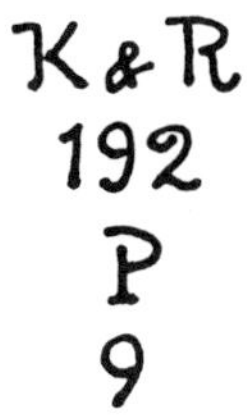

Louise R. Kampes

Atlantic City, New Jersey

Ihre Künstlerpuppen **Kamkins** bestanden aus schwerem, in von ihr 1920 patentierten Verfahren mit Gummi ausgerüstetem Stoff.

KAMKINS
A DOLLY MADE TO LOVE
PATENTED BY L.R.KAMPES
ATLANTIC CITY, N.J.

KAMKINS
A DOLLY MADE TO LOVE
PATENTED
FROM
L.R. KAMPES
STUDIOS
ATLANTIC CITY
N.J.

Marion Kaulitz

Gmund am Tegernsee

Um 1908 bis 1920 Herstellung von Künstlerpuppen; Eintragung der Schutzmarken **Münchner Künstler Kaulitz-Puppen** (1909) und **Kaulitz** (1911).

V2

Kaybee Doll & Toy Co.

Los Angeles

1918 Eintrag der Marke **Kaybee** für Puppen mit Schlafaugen und Charakterpuppen.

Keramische Werke

Gräfenhain

Modelleure der Firma Simon & Halbig gründeten in den 30er Jahren diese Keramikwerkstatt und produzierten Anfang der 40er Jahre Puppenköpfe aus Papiermachee.

KW
G
134
12/0

K.W.
G.
136
12

J. D. Kestner

Waltershausen

Johann Daniel Kestner gründete 1816 eine Papiermachee-Fabrik und stellte schon kurz darauf Holzgelenke für Puppen her. Seine Produktion stieg bis zu seinem Tod 1858 stetig an. Fünf Jahre später übernahm sein Enkel Adolf die Firma und produzierte verschiedenartigste Biskuit-, Porzellan-, Holz-, Nanking- und Composition-Puppen sowie Puppenteile. Zusätzlich zur Eigenfertigung arbeitete Kestner auch mit anderen deutschen und amerikanischen Firmen. Ab 1899 für Butler Brothers hergestellte Lederkörper tragen die Kronenmarke **JDK Germany** sowie den Namen **Marvel** im Rechteck (die erste **Kronen**marke wurde 1896 eingetragen). Ab 1903 lieferte Kestner für Kley & Hahn die **Walküre**, ab 1914 Ganzbiskuit-**Kewpies** für Borgfeldt, nach dem Ersten Weltkrieg Charakterpuppen für die Catterfelder Puppenfabrik (mit **Kestner & Comp. Porzellanfabrik** gemarkt) und ab 1925 **Bye-Lo**-Köpfe und Ganzbiskuit-Bye-Los für Butler Brothers. Die Beliebtheit des «Millionen-Dollar-Babys», wie das Bye-Lo mit der Zeit genannt wurde, brachte Nachahmungen hervor; auch Kestner stellte damals ganz ähnlich aussehende Neugeborene für die Century Doll Company her. Nach 1900 fertigte die Firma auch Zelluloidpuppen aus Material der Rheinischen, jedoch in eigenen Formen mit der Marke J.D.K. zusammen mit der **Schildkröten**-Marke der Rheinischen.

Kestners erste Schutzmarke, eine von zwei Schulterköpfen begleitete Puppe, das

Ganze im Kreis, wurde 1889 eingetragen. Puppen unter den Namen **Excelsior** und **Bette** folgten 1893. Die Produktion von **Hilda**, einer sehr beliebten Charakterpuppe, begann 1914. 1897 ließ Kestner sein berühmtes «Alphabet» zur Kennzeichnung von Größen schützen. Zahlreiche Kestner-Köpfe sind mit einer der folgenden Ziffern-Buchstaben-Kombinationen gemarkt: B/6, C/7, D/8, E/9, F/10, FG/11, H/12, J/13, K/14, L/15, M/16 oder N/17. (Die Firma verwendete zu den Buchstaben auch Bruchziffern, z.B. K½/14½, um die verschiedenen Größen noch enger zu staffeln.) Ab 1892 wurden viele Kestner-Puppen mit **Made in Germany** gemarkt; die bekannte Marke **Crown Doll** wurde erstmals 1915 verwendet.

Einige Kestner-Charakterpuppen aus der Produktion von 1900 bis 1920 waren nur mit der Formennummer gemarkt. Es sind dies die Nummern: 120, 121, 122 – 148, 151, 152, 154, 155, 156, 159, 161, 162, 165, 166, 167, 168, 170, 171, 172, 174, 178 – 187, 189, 190, 192, 195, 196, 199, 200, 201, 205 – 212, 214, 215, 216, 218, 219, 220, 221, 234, 235, 236, 237, 239, 241, 242, 243, 245, 246, 247, 249, 250, 254, 255, 257, 260, 262, 263, 264, 270, 272, 279, 281, 282 und 292.

Darüber hinaus hatten Kestners (im allgemeinen ziemlich kleine) Ganzbiskuit-Puppen eigene Formennummern: 111, 122, 130, 141, 150, 179, 182, 184, 185, 186a, 186b, 187a, 187b, 189, 192, 195, 196, 198, 200, 208, 217, 500, 502, 504, 505, 511, 512, 514, 516, 517, 518, 519, 520, 522, 523, 524, 525, 526, 527, 528a, 531, 532, 533, 533a, 534, 535b, 537, 538 – 551, 553, 554, 555, 556, 557, 559, 560, 561, 563, 565, 566, 567, 568, 570, 571, 572, 573, 574, 575, 577, 579, 586, 588, 589, 590, 601 und 608.

Die Firma Kestner schloß 1938.

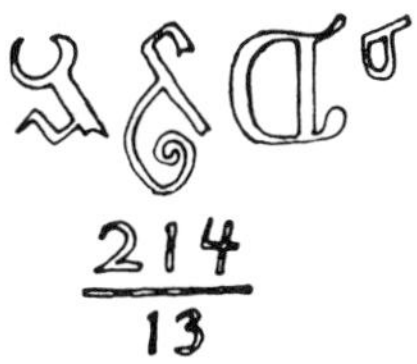

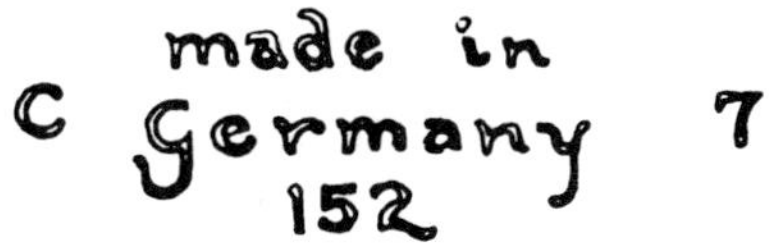

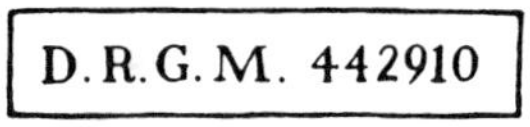

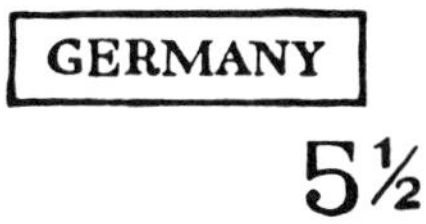

Max Kiesewetter & Co.

(siehe Erste Steinbacher Porzellanfabrik)

Kimport Dolls

Independence, Missouri

1937 Eintrag der Schutzmarke für Puppen.

Kirchhoff Werkstatt

Berlin-Halensee

Charlotte M. Kirchhoff stellte 1925 Künstlerpuppen her.

Kley & Hahn

Ohrdruf

Die 1902 gegründete Firma Kley & Hahn produzierte Puppen mit Leder- und Holzkörper sowie Zelluloidpuppen und Kugelgelenk-Puppen mit Biskuit-Köpfen. Sie profitierte von dem Boom bei Charakterpuppen und konzentrierte ihre Anstrengungen auf den amerikanischen Markt. Einige Biskuitköpfe stammten von anderen deutschen Firmen, z.B. Kestner (Form-Nr. 200 u. **Walküre**), Hertel, Schwab & Co. (Form-Nr. 100) und Bähr & Pröschild (Form-Nr. 500). Die Laufpuppe **Majestic** wurde von Kley & Hahn für Edmund Ulrich Steiner produziert.

Formnummern auf Köpfen von Kley & Hahn: 100, 133, 135, 138, 158, 159, 160, 161, 162, 166, 167, 169, 180, 200, 250, 282, 292, 500, 520, 525, 526, 531, 546, 549, 554, 567 und 680.

Verwendete Schutzmarken waren u.a.:

Cellunova (1913)
Dollar Princess (1909)
Durable (1909)
K (1909)
Majestic (1907)
Mein einziges Baby (My Only Baby) (1913)
Meine Einzige (My Only One) (1910)
Princess (1909)
Schneewittchen (Snow White) (1910)
Spezial (Special) (um 1909)
Walküre (1903)

C. F. Kling & Co.

Ohrdruf

Die 1834 gegründete Porzellanfabrik begann um 1870 mit der Herstellung von Puppen- und Puppenköpfen und bestand bis nach 1940. Kling produzierte Porzellan- und Biskuitköpfe, Badepuppen und Nanking-Puppen. Sie gehört zu den wenigen Firmen, die Puppenköpfe nicht nur mit angeformtem Haar, sondern auch mit anderen angeformten Details, wie Blumen, Schmuck und Tücher (um den Hals), produzierten. Diese Anformungen dienen als Schlüssel zur Identifizierung von Kling-Puppen, insbesondere der früheren, die als Markung nur die Form-Nr. trugen (Klings **Glocken**-Marke wurde 1880 eingeführt).

Kling verwendete folgende Form-Nummern: 116, 119, 122, 123, 124, 128, 129, 131, 133, 135, 140, 141, 142, 148, 151, 160, 167, 176, 185, 186, 188, 189, 190, 202, 203, 214, 216, 217, 220, 247, 254, 255, 285, 292, 293, 299, 303, 305, 370, 372, 373 und 377. [Die 100er und 200er Serien waren mit Ausnahme der Nummern 255, 292, 293 und 299 Schulterköpfe, vermutlich für Nöckler & Tittel bestimmt.]

Kloster Veilsdorf

Veilsdorf an der Werra

Erst knapp ein Jahrhundert nach ihrer Gründung, 1765, nahm diese Porzellanfabrik die Produktion von Puppen auf, wurde jedoch einer der größten deutschen Hersteller von Porzellan für die Spielwarenindustrie und lieferte bis Ende der 40er Jahre Nankingpuppen, Badepuppen und Puppenköpfe. Nur wenige Puppen aus dieser Fabrik waren gemarkt; die verschlungenen Initialen CV tauchen in verschiedenen Varianten auf. Form-Nummern: 500, 503, 532 und 900.

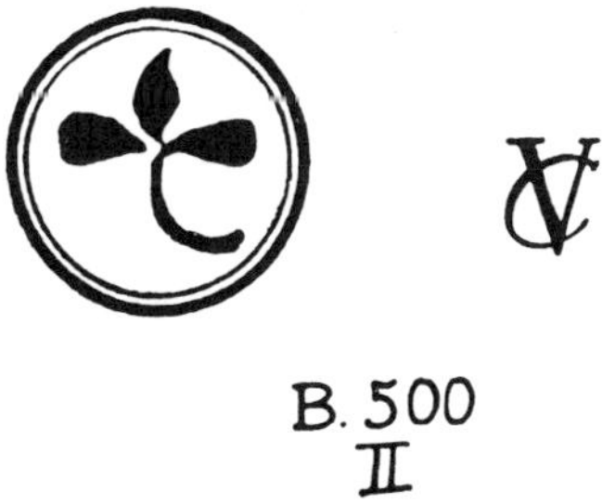

Erich Klötzer

Sonneberg

Die 1910 gegründete Firma stellte bis um 1930 Lederpuppen und Papiermachee-Köpfe her (sie verwendete auch Köpfe von Buschow & Beck). Klötzer-Puppen waren im Nacken gemarkt, was die Identifizierung erleichtert, obwohl einige seiner Schöpfungen Ende der 20er Jahre unverkennbare Ähnlichkeit mit Käthe-Kruse-Puppen aufweisen.

Guido Knauth

Orlamünde

Gegründet 1872; Herstellung von Gelenkpuppen, Puppenteilen und Charakterpuppen (ab 1910).

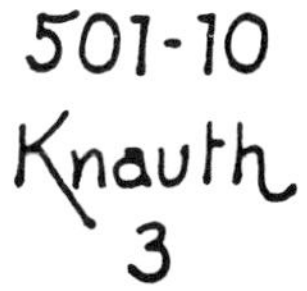

Knell Brothers

(siehe Ludwig Greiner)

Edmund Knoch

Mönchröden

Gegründet 1896; Herstellung von gestopften Puppen mit Porzellankopf bis in die 30er Jahre.

Gebrüder Knoch

Neustadt

Ab 1887 produzierte diese Puppenfabrik Biskuit- und Porzellan-Puppenköpfe und Puppenteile aus Composition. Köpfe von Gebr. Knoch sind bisweilen ungemarkt. Gemarkte Köpfe tragen die **gekreuzten Knochen** mit **Made in Germany / Ges. [Form-Nr.] / Gesch.** oder einfach die Form-Nr. mit **Made in Germany**. Verwendete Nummern: 179, 181, 190, 192, 193, 201, 203, 204, 205, 216, 217, 223, 230 und 232.

Gebrüder Knoch wurde 1919 von Max Oscar Arnold aufgekauft und stellte danach die Puppenproduktion ein.

Made in Germany
206/7/0
D.R.G.M.

G.K.
N.
Made in Germany
Ges. N° 216 Gesch.
15/0

Carl Knoll

Fischern, Böhmen

Gegr. 1844; um 1901 Herst. v. Puppenköpfen.

CK
701
5

J. César Koch

Paris

1915 Eintragung der Schutzmarken **Bébé Gloria** und **Lutecia Baby** für Puppen.

BÉBÉ GLORIA

Made in Paris

LUTECIA BABY

Made in Paris

König & Wernicke

Waltershausen

Die 1912 von Max König und Rudolf Wernicke gegründete Firma produzierte bis mindestens 1935 Gelenkpuppen, Charakterpuppen, Sitzbabys, **Hartgummi**-Puppen und Puppenteile. Porzellanköpfe wurden von Armand Marseille, Bähr & Pröschild und Hertel, Schwab & Co., Zelluloidköpfe von der Rheinischen bezogen. Für Borgfeldt produzierte König & Wernicke **My Playmate**; eigene Schutzmarken waren **Der kleine Bösewicht** (1916), **Die kleine Range** (1916) und **Mein Stolz** (1914).

K&W
W
29-9

K & W
777
10

K & W
HARTGUMMI
555 o
GERMANY

Königliche Porzellanmanufaktur

Berlin

Die 1761 gegründete Porzellanfabrik produzierte von ca. 1830 bis 1870 Schulterköpfe aus Porzellan.

KPM K.P.M

KPM
1844 - 1847.

1849—1870.

Königliche Porzellanmanufaktur

Meißen

Diese 1710 gegründete älteste Porzellanfabrik produzierte etwa ab 1836 Puppen. Die umgangssprachlich einfach «Meißen» genannte Firma gravierte ihre Marken ins Innere der Puppenköpfe.

Kohl & Wengenroth

Offenbach

Die 1864 gegründete Firma produzierte Zelluloidpuppen, Gummipuppen, Badepuppen und Charakterpuppen während der ersten Jahrzehnte des 20. Jahrhunderts.

M. Kohnstamm & Co.

Fürth, Sonneberg und Olbernhau

Von 1898 bis mindestens 1930 Herstellung von Baby- und Gelenkpuppen. Folgende Schutzmarken wurden eingetragen: **Cupid** (1908), **The Duchess Dressed Doll** (1915), **Lola** (1923), **Lydia** (1923), **Moko** (1898), **Mother Darling** (1910), **Nanette** (1926) und **Tessi** (1926). Einige für Kohnstamm hergestellte Biskuitköpfe stammen von Hermann Steiner.

MOKO

Else Lill Kolmar-Hecht

(siehe Else L. Hecht)

Konroe Merchants

New York City

1922 ließ die Firma Konroe Merchants ihr Warenzeichen und die Schutzmarke **My Honey** für eine Biskuitkopfpuppe eintragen. 1924 wurde **The Parisienne**, eine modische Puppendame im Stil der 20er eingeführt.

Konstructo Co.

(siehe Mary Francis Woods)

Gustav Korn

Neu-Schmiedefeld

Die 1903 gegründete Firma produzierte bis um 1910 Badepuppen.

C. Krahmer

Frankenhausen

Bot 1915 Kugelgelenkpuppen und Sitzbabys an.

C.K.
F.
66

Henri Othon Kratz-Boussac

Paris

1910 Eintrag von **La Parisienne** für Puppen.

LA PARISIENNE

Werner Krauth

Leipzig

Stellte um 1920 Puppen und Puppenköpfe her.

Käthe Kruse

Bad Kösen

Käthe Kruse machte 1904 ihre ersten Künstlerpuppen und ließ 1912 ihren Namen als Schutzmarke eintragen. [Die **Doppel-K**-Marke wurde 1923 eingetragen.] Vor dem II. Weltkrieg waren alle ihre Puppen aus Trikotstoffen handgefertigt und sehr fein bemalt. Nach dem Krieg wurde die heute noch bestehende Firma nach Donauwörth verlegt und ging zur Massenproduktion über, was einen spürbaren Qualitätsverlust mit sich brachte. Von K. Kruse eingeführte Schutzmarken sind u.a.: **Du Mein** (1923), **Schlenkerchen** (1922) und **Träumerchen** (1923). Der Kruse-Schriftzug erscheint normalerweise auf einer Fußsohle, die andere trägt eine Nummer.

Käthe Kruse

Schutz- Marke

Josef Kubelka

Wien

1884–1909 Herstellung von Puppen und Puppenköpfen.

4
BIS SGDG

Gebrüder Kühnlenz

Kronach

Die 1884 gegründete Fabrik produzierte Biskuit- und Porzellanpuppen (auch Schwimmpuppen) und Puppenköpfe. Bis zum Erscheinen von Ciesliks *Deutscher Puppen-Ezyklopädie* wurde Kühnlenz' Marke fälschlich der Firma Gebrüder Krauss, Eisfeld, zugeschrieben, über die nur wenig bekannt ist.

GbrK
44-15

Dep.
44·29

Gbr 44 14 K
Bavaria

GK

L

Jacob Lacmann
Philadelphia

Fertigte von 1860 bis um 1883 Puppenkörper; verwendete Köpfe von Ludwig Greiner und Cuno & Otto Dressel.

J. LACMANN'S
PATENT
MARCH 24TH 1874

André Laffitte
Paris

Fertigte 1917 Puppenköpfe- und -augen.

« VITA »

Cecile Lambert
La Garenne-Colombes, Frankreich

Unter dem Firmennamen Edmée Rozier ließ Cecile Lambert 1921 **Babet** als Schutzmarke für Puppen eintragen.

BABET

Leopold Lambert
Paris

1888–1923 Herstellung und Export mechanischer Puppen sowie von Puppen in Glaskästen; Marke L.B.

L.B.

Lambert & Samhammer
Sonneberg

1872–1881 Herstellung von Puppen und Puppenköpfen. Die abgebildete Schutzmarke wurde 1876 eingetragen.

UNBREAKABLE

Hermann Landshut & Co.
Waltershausen

Gegründet 1892; 1895 Namensänderung in I. Eisenstaedt & Co. und Eintragung der Schutzmarke **Linon**, die bis mindestens 1902 verwendet wurde.

Alfred Lange
Friedrichsroda

1923 Eintragung der Schutzmarke **May Blossom**.

A. Lanternier & Cie.

Limoges, Frankreich

Biskuitköpfe von Lanternier von 1891 bis um 1925 gibt es mit den Markungen **Lorraine, La Georgienne** und **Favorite**. Einige der von Lanternier verwendeten Marken sind hier abgebildet. Ob **Ed. Tasson** und **T. E. Maskon** identisch sind, ist nicht sicher.

FABRICATION FRANÇAISE

FAVORITE
N° 2/0
Ed Tasson
AL & Cie
LIMOGES

FABRICATION FRANÇAISE

AL & Cie
LIMOGES
A 1

J.E. Masken
SC
LORRAINE
No
A.L.&Cie
LIMOGES

Laquionie & Cie.

Paris

1919 Eintrag v. 3 Schutzmarken für Puppen.

JOLI GUY
ROSETTE
MUGUETTE

Howard R. Larsen

Milwaukee, Wisconsin

Ca. 1921–1922 Eintragung der Schutzmarke **Jiggle Wiggle**; die Marke wurde auf die Puppe gestempelt.

Lawrence & Co.

(siehe Cocheco Manufacturing Co.)

Le Montréer

Paris

Puppenhändler von 1867 bis um 1921; Eintragung der Schutzmarken **Le Trottin** (1913) und **Le Victorieux** (1914) für Puppen und Bébés.

LE TROTTIN

LE VICTORIEUX

Ange Le Prince

Paris

1924 Eintragung der Schutzmarke **Scaramouche** für Puppen.

Madame Lebel

Paris

1915 Eintragung der Schutzmarke **Patria** für bekleidete Puppen.

PATRIA

H. LeConte & Co.

Paris

Informationen über diese Firma sind spärlich. Bekannt ist, daß LeConte & Co. auf der Pariser Ausstellung von 1900 vertreten war; möglicherweise ist sie mit der 1866 gegründeten Firma Leconte & Alliot identisch. Eine sichere Puppe von H. LeConte & Co. hat einen Papiermachee-Körper mit Biskuitkopf. Der Kopf ist wie unten abgebildet gemarkt.

L C

Alexandre Lefebvre & Cie.

Lagny, Frankreich

Bestand von 1863 bis um 1921. Herstellung von *bébés incassables* und Papiermachee-Babys, u.a. mit der Marke **Bébé** A.L. (1912).

FABRICATION FRANÇAISE
BÉBÉ
A.L
BREVETÉ S.G.D.G.

Leibe & Hofmann

Gera-Untermhaus

1772 gegründete Porzellanfabrik; 1882–88 Herstellung von Puppen und Puppenköpfen.

L&H 4/0

Louis-Aimé Lejeune

Saint-Maur-des-Fosses, Frankreich

1922 Eintragung der Schutzmarke **Lisette** für Puppen.

A 1915

Yvonne Lelièvre

Paris

1922 Eintragung der Schutzmarke **Lisette** für Puppen.

Lenci

Turin

Unter der Marke **Lenci** stellte Enrico Scavini um 1920 Filzpuppen her. Er führte ein reichhaltiges Sortiment in verschiedenen Stil- und Charaktertypen. Eine weitere Schutzmarke war **Fad-Ette** (1923). Manche Lenci-Puppen sind anhand eines angebrachten Papieretiketts oder Metallknopfs zu identifizieren, andere sind mit einem Stempel auf dem Fuß gemarkt. Häufiger sind ungemarkte Lenci-Puppen, die leicht mit ähnlichen Puppen anderer Firmen zu verwechseln sind.

Lenci

Lenci di E. SCAVINI
TURIN (Italy)
Made in ITALY
N. 159G
Pat. Sept. 8, 1921, Pat. N. 142433
Bre SGDG. X 87395. Brevetta 501.178

Lenci
TORINO
MADE IN ITALY

Lenox Inc.

Trenton, New Jersey

Die ursprünglich als Keramik-Fabrik von Walter Scott Lenox gegründete Firma stellte von ca. 1914 bis 1920 einige Biskuit-Puppenköpfe für Effanbee her.

Lenox
Effanbee
16

Lerch & Co.

Philadelphia

Der Spielzeugmacher Philip Lerch stellte von 1866 bis 1870 Puppenköpfe her. Die abgebildete Marke stand auf einem am Kopf angebrachten Etikett. Ein weiteres aufgefundenes Etikett trägt den Firmennamen **Lerch and Klag**; wer Klag war, ist nicht bekannt.

Lerch & Co.
MANUFACTURERS
No.7.

Les Arts du Papier

Paris

1919 Eintragung von zwei Schutzmarken für Puppen und Köpfe aus Composition.

LA MIGNONNE

A.P.
PARIS.

Les Bébés de France Cie.

Paris

1919 Herstellung von Kunststoff-Puppen. Der Werbespruch in der Marke lautet: «. . . und wenn ich falle, zerbreche ich nicht».

"... et si je tombe, je ne casse pas"

BF

Elizabeth Lesser

New York City

Für Lesser geschützte Puppen sind u.a.: **Isabel** (1912), **Leonie** (1912), **Mary Elizabeth** (1911), **1914 Girl** (1914), **Red Cross Nurse** (1917), **Sister to Mary Elizabeth** (1912), **War Baby** (1915) und **A Young American** (1913).

H. J. Leven

Sonneberg

Die aus dem Zusammenschluß von Hugo Dressel und Leven & Sprenger 1912 entstandene Firma produzierte Lederpuppen, Babys, Puppenköpfe und -teile bis mindestens 1938. Die Firma verwendete Köpfe von Armand Marseille.

HJ
SONNEBERG

Edmond Levi

Neuilly-sur-Seine und Paris

Herstellung von Gelenkpuppen aus Kunststoff; 1919 Eintragung der Schutzmarke **Les Poupées de France**.

LES POUPÉES DE FRANCE

Albert Levy

Paris

1917 Eintrag der Schutzmarke **Tanagra**.

TANAGRA

Pierre Lévy & Cie.

Paris

1919 Eintragung der Schutzmarke **Bébé Bijou**.

Bébé Bijou
Exclusivement Français

BEBE BIJOU

Louis L'Heureux

Paris

1905 Eintragung des Nachnamens als Schutzmarke für Puppen.

L'HEUREUX

Ernst Liebermann

Neustadt

Die 1894 gegründete Fabrik produzierte Gelenkpuppen und Sprechpuppen mit Zelluloidköpfen. Verwendete Schutzmarken: **Adelene** (1927), **Baby Joan** (1927), **EL** (1930), **Eli** (1930) und **Violet** (1927).

Liegnitzer Puppenfabrik

Liegnitz

Diese Puppenfabrik wurde 1869 von Moritz Pappe gegründet. Sie stellte bis Ende der 20er Jahre Puppen aus Holz, Leder, Wolle und anderen Materialien her.

Michel Lilienthal

Paris

1922 Eintragung der Schutzmarke **Miss Dancing** für Puppen.

MISS DANCING

Limbach AG

Limbach

Die 1772 von Gotthelf Greiner gegründete Porzellanfabrik produzierte hauptsächlich Geschirr und Tierfiguren und begann in den 1880er Jahren mit der Fertigung von Puppenköpfen, Gelenk- und Badepuppen. Die Herstellung von Puppenköpfen wurde 1899 unterbrochen und erst 1919 wieder aufgenommen; ab hier bilden die Bezeichnungen **Norma**, **Rita** und **Wally** zusammen mit **Kleeblatt** und **Krone** die Limbach-Schutzmarke. Limbach zugeschriebene Form-Nummern sind: 2780, 6335, 8552, 8553, 8660, 8675, 8682, 8822, 8867, 9027 und 9307. Die 1913 eingetragene Nummer 10 000 bezeichnet ein komplettes Sortiment von Limbach-Puppen und nicht eine bestimmte Form. Die Firma war noch bis 1937 tätig.

GERMANY
8822

Rita
3/0
17 72
Limbach

9

Louis Lindner & Söhne

Sonneberg

Die 1833 von Louis & Edward Lindner gegründete Sonneberger Firma wurde 1847 als Louis Lindner & Söhne wiedereröffnet und bot Puppen und Puppenteile aus Holz Leder und Stoff mit Papiermache-, Wachs- oder Porzellanköpfen an. 1887 wurde die Schutzmarke **Baby Bunting** eingetragen; wie die abgebildete Marke zeigt, bezog die bis 1929 bestehende Firma Lindner Köpfe von Simon & Halbig. Die für diese Firma eingesetzte Form-Nr. ist 1339.

1339
S&H
LL&S
10½

Lippert & Haas

Schlaggenwald, Böhmen

Die 1792 gegründete Porzellanfabrik stellte bereits 1845 Puppenköpfe her. 1867 wurde sie in Haas & Czjzek umbenannt. Die zweistellige Zahl in der Markung bezieht sich auf das Herstellungsjahr der Puppe (z.B. geht aus der **60** in der abgebildeten Marke hervor, daß die Puppe von 1860 stammt).

ℓS
60

Live Long Toys

Chicago

Ab 1923 produzierte Live Long Toys Weichpuppen und Ganzbiskuit-Puppen nach Figuren aus dem Comic-Strip «Gasoline Alley» des Karikaturisten Frank O. King. Verwendete Bezeichnungen waren **Mrs. Blossom, Puff, Rachel, Skeezix** und **Uncle Walt**. Eine Mrs. Blossom-Puppe aus Wachstuch trägt folgende Markung: – **King** – // **MRS. BLOSSOM // PAT. APPLIED FOR.** Ebenfalls von Life Long Toys stammt eine Puppe **Little Orphan Annie** (1925) nach einer Comic-Figur von Harold Gray.

Loeffler & Dill

Sonneberg

Ca. 1886 bis 1932 Herstellung von Puppenköpfen und Gelenkpuppen.

L & D
6/0
X

Anni Lonz

Koblenz

1924 Eintragung der Schutzmarke **Alah** für Puppen.

Geneviève Loudouze

Paris

1925 Eintragung der Schutzmarke **Ninon** für Puppen.

"NINON"

Madame Louit

Bordeaux

1916 Eintragung der Schutzmarke **Poupées Gauloises** für Puppen.

POUPÉES
GAULOISES

Joseph Love, Inc.

New York City

1915 Eintrag einer Schutzmarke f. Puppen.

'Princess
Elizabeth'

Julienne Lubecka

Paris

1926 Eintragung der Schutzmarke **Bicot** für Puppen.

BICOT

A. Luge & Co.

Sonneberg

Die 1881 gegründete Firma Luge produzierte bis mindestens 1930 Ziegenleder- und Charakterpuppen. Sie verwendete die Marken **Pat-a-Cake** (1912) und **South Sea Baby** (1928). Die Köpfe stammten von Ernst Heubach, Gebrüder Heubach und Armand Marseille. Luges Warenzeichen war die abgebildete Marke; die Kopfmarkung bezieht sich nur auf den Kopfhersteller. Formennummern der Kopfhersteller: 351, 353, 362 (Marseille); H33, 380, 396, 399, 444 (Ernst Heubach); 6736 (Gebrüder Heubach).

Thuringia

Trade  mark.

Eg. M. Luthardt

Steinach

Die 1868 gegründete Firma produzierte mindestens bis in die 30er Jahre Leder-, Kunstleder- und Filzpuppen und verwendete die letzten zehn Jahre die Marke **Luta**.

Luta
9
Germany

Louis Philipp Luthard

Neustadt

Gegründet 1909; bot 1921 Weichpuppen und Gliederpuppen an.

Lyro-Puppen-Company

Berlin

Bezüglich des hier abgebildeten **Lyro**-Zeichens im sechszackigen Stern herrscht einige Verwirrung. Es gehört sowohl zur Lyro-Puppen-Company als auch zu Rolfes & Co, beide Berlin, und wurde in beiden Fällen 1923 für Stoffpuppen eingetragen. Franz Volpert, ebenfalls Berlin, ließ 1925 die gleiche Marke eintragen.

M

E. Maar & Sohn

Mönchröden

1910 bis um 1930 Herstellung von Charakterbabys mit Biskuitkopf. Verwendete Köpfe von Armand Marseille.

Made in Germany
Armand Marseille
256
A 4/0 M
Maar

Emaso
40

Ma. E. Maar KG

Mönchröden

Die 1920 gegründete Firma produzierte bis um 1930 Biskuitpuppen.

Robert Maaser

Sonneberg

Ca. 1904 bis ca. 1930 Puppenköpfe aus Biskuit, Composition und Zelluloid.

Germany
410
5/0

Louis Adrienne Mabit

Paris

1925 Eintragung der Schutzmarken **Janus** und **Les Deux Gosses** für Puppenköpfe und Puppen.

JANUS

LES DEUX GOSSES

Madame Georgene Inc.

(siehe Averill Manufacturing Co.)

Maiden Toy Co. (Maiden America Toy Manufacturing Co.)

New York City

1915-1919 Puppenherstellung. Produzierte die **Maiden America** Puppen, deren Schutzmarke von der Designerin Katherine Silverman eingetragen wurde (1915); 1919 Verwendung der Initialen **MAT** für Charakterpuppen.

Maiden
America

Manufacture des Bébés et Poupées

Paris

1919 Herstellung von *bébés incassables* unter der Schutzmarke **La Madelon**.

LA MADELON

Charles Marcoux

Montreuil-sous-Bois, Frankreich

1920 Eintragung einer Schutzmarke für Puppen und Puppenköpfe.

BEBE "MARCOUX"

Pauline Margulies

Brooklyn, New York

1933 Eintragung einer Schutzmarke **Empress** für Puppen.

EMPRESS

Maurice Mariage

Paris

1923 Eintragung der Schutzmarke **La Poupée Lina** für Puppen.

LA POUPÉE LINA

Marienfeld

Ölze

Die 1892 gegründete Porzellanfabrik stellte Puppenteile und Nanking-Puppen mit Porzellan- oder Biskuitköpfen her. Marienfeld ging 1903 in Konkurs; der Restbestand wurde von Hertwig & Co. übernommen.

M

Marks Brothers Co.

Boston

Von 1918 bis in die 20er Herstellung und Import von Brustplatten- und Schulterköpfen.

MADE IN USA
MARKS BROTHERS
CO
BOSTON

Armand Marseille

Köppelsdorf und Neuhaus

Armand Marseille kaufte 1884 eine Spielzeugfabrik und 1885 eine Porzellanfabrik und begann mit der Produktion von Porzellankrügen und Pfeifenköpfen. Um 1890 nahm er die Fertigung von Schulterköpfen auf und ließ 1893 die erste seiner Anker-Marken (Anker im Kreis, begleitet von den Initialen **AM**) eintragen. Der mit einem **W** belegte Anker wurde ausschließlich auf Puppenköpfen für Louis Wolf verwendet; Der in die Buchstaben **AM** auslaufende Anker stammt von 1910 und die letzte abgebildete Ankermarke von ca. 1920.

Marseilles Biskuitköpfe waren für die eigene wie auch für andere Firmen bestimmt, z.B. Bergmann, Borgfeldt, Cuno & Otto Dressel und Otto Gans. (Die Initialen **AM** werden häufig in Verbindung mit der jeweiligen Firmenmarke verwendet.) Armand Marseilles Köpfe sind von sehr unterschiedlicher Qualität, und viele seiner Formen waren jahrzehntelang und mit wechselndem Material in Gebrauch, was eine exakte Datierung ohne Expertenhilfe erschwert. Man weiß jedoch, daß mit **DRGM** gemarkte Köpfe ab 1909 hergestellt wurden; die Markung **DRMR** erscheint ab 1910. Im Verlauf der Jahre gebrauchte Armand Marseille die unterschiedlichsten Marken, doch auch der Anfänger kann das **AM** erkennen, das auf fast jeder Marseille-Marke erscheint.

Frühe Nummern auf Marseille-Köpfen stehen für Jahreszahlen: 1890, 1892, 1893, 1894, 1895, 1896, 1897, 1898, 1899, 1900, 1901, 1902, 1903, 1905 und 1909. Andere vierstellige Zahlen auf Biskuitköpfen dieser Firma dürften zwischen 1895 und 1899 eingeführt worden sein: 2000, 2010, 2015, 3000, 3091, 3093, 3200, 3500, 3600, 3700 und 4008.

Der Firma Marseille zuzuordnende Formennummern haben sich als Jahreszahlen der Inbetriebnahme erwiesen (es sei jedoch wiederholt, daß viele Formen jahrelang in Gebrauch waren). 1910 führte Marseille folgende Nummern ein: 500, 504, 505, 510, 513, 515, 516, 518, 519, 520, 540, 542, 550, 550A, 551, 551k, 560, 560A, 570, 590, 599, 600, 620, 621, 630, 640a,

670, 696, 700, 701, 710, 711, 800, 810, 820, 900, 920, 927, 950, 951, 966 und 970.

1911 kamen die folgenden Nummern hinzu: 200, 205, 210, 223 und 230.

1912 erschienen erstmals: 231, 233, 240, 242, 244, 246, 250, 251, 252, 390a, 391, 395, 396, 398 und 399.

1913: 320, 322, 323, 324, 325, 326, 327, 328, 329, 333, 341, 341k, 341ka, 342, 345, 350, 351, 351k, 352, 353, 356, 360a, 362, 369, 370, 371, 372, 375, 376, 377, 378, 382, 384, 390, 750, 760, 790, 971, 971a, 972, 973, 975, 980, 984, 985, 990, 991, 992, 993, 995, 996, 997, 1231, 1330, 1333, 1335, 1369, 1370 und 1374.

1925: 253, 254, 255, 256, 259, 266, 270, 273, 275, 276, 300, 309, 310 und 318.

1926: 400, 401, 406, 411, 414, 449, 450, 451, 452, 452H, 454 und 458.

Nicht nur, daß viele Formen über Jahre hinweg überarbeitet und wiederverwendet wurden, es gibt auch offenbar kein numerisches oder chronologisches Schema, das Marseilles Nummern bestimmten Jahren zuordnen könnte. So wurde z.B. die 400er Serie erst 1926 eingeführt, während die 500er Serie schon seit 1910 bestand.

Marseille verwendete für Charakter-Babys und Puppenköpfe mit Dolly-Gesicht (ausschließlich für den Export nach USA) u.a. folgende Schutzmarken:

Alma (1900)
Baby Betty (1912 – siehe Abb.)
Baby Gloria (1910)
Baby Phyllis (1925))
Beauty (1898)
Cama
Columbia (1904)
Darling
Duchess (1914)
Ellar Baby (um 1925 – siehe Abb.)
Fany (1912)
Florodora (1903 – siehe Abb.)
Just Me (um 1910)
Kiddiejoy (1920)
Lilly (um 1913)
Lissy
Little Sister (1911)
Mabel (siehe Abb.)
Majestic (1902 – Entwurf: Edmund Steiner)
Margaret
My Dream Baby (1925)
My Playmate (um 1907)
Nobbikid (1914)
Our Pet (um 1926)
Princess (um 1900)
Queen Louise (1910)
Rosebud (1902)

Anm.: Die Namen der Biskuitpuppen sind fast stets auf die Köpfe graviert.

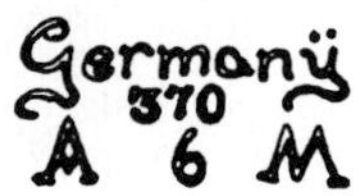

A.M.
Germany.
341/1K.

Made in Germany
A Baby o Betty M
D.R.G.M.

Made in Germany
Armand Marseille
560a
A 4/0 M
D.R.M.R. 232

A ELLAR M
Germany
8 ½

Made in Germany
Florodora
A 4 M

FLORODORA
GERMANY.

Germany.
Mabel

François-Emile Marseille

Maisons Alfort, Frankreich

Stellte 1888 **Le Petit Français**, ein *bébé incassable*, her.

"LE PETIT FRANÇAIS"
INCASSABLE ARTICULE

Charles March

London

Stellte von 1878 bis 1894 Puppen aus Wachsguß und Papiermachee her. Sein Händler war C. Gooch, dessen Name mitunter auf Marsh' Marke erscheint.

FROM C. GOOCH
SOHO BAZAAR
* CH^AS MARSH *
SOLE MANUFACTURER
LONDON
DOLLS CLEANED & REPAIRED

Edith Maus

Braunschweig

1925 Eintragung der Schutzmarken **Edith Maus** und **Rompers** für Stoffpuppen und Gummipuppen mit Gelenken.

Edith
Puppe

Maxine Doll Co.

New York City

1929 Eintragung der Schutzmarke **Baby Gloria** für Puppen.

Baby Gloria

May Frêres, Cie.

Paris

1890 Eintragung der Marke **Bébé Mascotte** für Puppen mit Arm- und Beingelenken. (Jules Steiner könnte May Frêres nach 1897 aufgekauft haben, da er Bébé Mascotte anbot.)

BÉBÉ MASCOTTE

The Mechanical Rubber Co.

New York City, Chicago und Cleveland

Gegründet 1915; Herstellung verschiedener Charakterpuppen aus Gummi, darunter **Sailor, Clown** und **Uncle Sam**. Ging nach 1917 in der United States Rubber Co. auf; gleichzeitig Eintragung der **Schild**-Marke.

M

Herbert John Meech

London

Meech war von 1865 bis 1891 Hofpuppenmacher und fertigte Puppen aus Wachs und Composition an. Die abgebildete Marke stammt vom Körper einer Wachspuppe.

H.J. MEECH
DOLL MAKER
DOLLS CLEANED & REPAIRED
50 KENNINGTON ROAD
LONDON.SE.1

Meißen

(siehe Königliche Porzellanmanufaktur)

Minnie M. Meldram

New York City

1920 Eintragung der Schutzmarke **Soxie**.

SOXIE

Metal Doll Co.

Pleasantville, New Jersey

1902 Herstellung von **All Steel Dolls**; Marke auf dem Körper.

PATENTS PENDING
MADE BY
METAL DOLL CO.,
Pleasantville, N.J.

Ernst Metzler

Pressig-Rothenkirchen

Die 1909 gegründete Porzellanfabrik produzierte mindestens ab 1924 bis Anfang der 40er Porzellan- und Composition-Köpfe.

Made in Germany
Metzler
890
E 3/0 M

Gebrüder Metzler & Ortloff

Ilmenau

Ca. 1893 bis 1903 Herstellung von Puppenköpfen aus Porzellan.

M O
I

Amandus Michaelis

Rauenstein und Sonneberg;
Brüssel

Die 1870 gegründete Puppenfabrik produzierte von ca. 1890 bis 1918 und erneut von 1922 bis in die 30er Jahre Lederpuppen und -körper, Gelenkpuppen sowie Puppen aus Papiermachee. 1911 Eintragung des Namens **Michel**. Die Marke **AM** wird zuweilen mit Armand Marseille verwechselt; die Firma Marseille hat jedoch nie eine Dreiecksmarke verwendet.

AM
0/22

Millikin & Lawley

London

1881–1882 Vertrieb von Stoffpuppen und gestrickten Puppen, einige davon mit Porzellanköpfen und -gliedern. Bezeichnungen: **Charity Girl, Liliputian Dolls, Little Red Riding Hood, Miss Rosebud, Scotch Boy**.

Mimosa

Ochenbruck und Neuhaus

1923 Eintragung einer Schutzmarke für ein Sortiment von Charakterpuppen, Sitzbabys und bekleideten Puppen.

MIMOSA

J. R. Miranda & Co.

Oregon City, Oregon

1919 Herstellung von Indianerpuppen: **Buck, Chief, Little Buck, Little Princess, Madonna, Papoose** und **Squaw**.

Modern Toy Co.

Brooklyn, New York

Von 1914 bis in die 20er Jahre Herstellung von unzerbrechlichen Charakterpuppen. Die Weichpuppe **Buttercup** (1924) basierte auf Jimmy Murphys Figur aus dem Comicstrip «Toots and Casper». Weitere Bezeichnungen von Modern Toys: **Babbit at Your Service** (1916), **Cleanser Boy** (1916), **Co-Ed** (1915), **College Boy** (1915) und **Petite Polly** (1915).

August Möller & Sohn

Georgenthal

Gegründet 1915; Herstellung von Puppenköpfen und -teilen. 1925 Eintragung der Schutzmarke **Amuso**. Von der Firma sicher verwendete Form-Nummern sind u.a. 100 und 1920.

AMUSO
100
Made in Germany

Möller & Dippe

Unterköditz

Spätestens ab 1893 produzierte die 1879 gegründete Porzellanfabrik Puppenköpfe und -arme; um 1913 wurden hauptsächlich Nadelkissen-Puppen hergestellt. Man beachte die Ähnlichkeit der **Anker**-Marke von Möller & Dippe (Eintragung 1892) mit den Marken von Armand Marseille.

M. D.
U.

Marie Mommessin

(siehe Madame E. Cayette)

Montanari

London

Die Familie Montanari machte von 1851 bis in die 1870er Jahre Wachspuppen. Typisch für Montanari-Puppen ist die gedrungene

Gestalt mit Speckfältchen unterm Kinn und an den Armen. Sie waren eher für reiche Kinder als für die Allgemeinheit bestimmt. Viele Puppen waren ungemarkt; außer den abgebildeten Marken verwendeten die Montanaris auch **Mty**; auch die Schreibweise **Montanary** wurde angetroffen. Die Marken sind auf den Puppenkörpern angebracht.

Montanari
Manufacturer.
251 Regent St.
and 180 Soho Bazaar

Montanari
180 Soho Bazaar
London

Montgomery Ward & Co.

Chicago

Dieses Kaufhaus vertrieb Puppen von Kestner, Horsman, Schoenhut und anderen Firmen. 1901 bot sie Stoffpuppen mit **Silesia Doll Bodies** an und 1925 Puppen aus Ziegenleder-Imitat mit der Bezeichnung **Kidiline**. Die **Rauten**-Marke wurde 1915 eingetragen. Von 1887 bis 1930 wurden u.a. Puppen folgender Bezeichnungen angeboten:

Adeline (1916)
American Lady (1901)
American Maid (1900)
Baby Bright (1912)
Baby Ella (1916)
Baby Hilda (1916)
Dolly Dimples (1916)
Goodie-Goodie (1916)
Kutie-Kiddies (1916)
Little Ethel (1916)
The Little Patriot (1916)
Little Red Riding Hood (1916)
Merry Miss (1916)
Miss Mabel (1916)
Molly-O (1916)
Mother Hubbard (1901)
Pauline (1916)
Pretty Baby (1916)
Princess Helen (1916)
Sweet Susan (1916)

Moore & Gibson Corp.

USA

1917 Herstellung von Leder-, Kunstleder- und Stoffpuppen mit den Bezeichnungen **Balsam Dolls, Carriage Dolls, Floating Dolls** und **Mailing Dolls**.

Moran Doll Manufacturing Co.

Los Angeles und San Francisco; Kansas City, Missouri

Stellte 1919–1921 verschiedene Babypuppen her, einige nach Entwürfen von Julius Benvenuti. Bezeichnungen waren u.a.: **Blinkie Doll** (1920), **Blynke** (1919), **Bobette** (1920), **Cry Blynkie** (1920) und **Wee Wee** (1920).

Morimura Brothers

New York City

Das japanische Importhaus lieferte während des I. Weltkriegs und unmittelbar danach Biskuitpuppen japanischer Herstellung an amerikanische Kunden (die Einfuhr europäischer Biskuitpuppen blieb seit Kriegsbeginn fast völlig aus). Morimura verkaufte auch Nankingpuppen und Puppen mit **Kidolyn**-Körper und vertrieb Puppen amerikanischer Hersteller, u.a. der Bester Doll Manufacturing Company (**The Bester Doll**). Eine Variante der **MB**-Marke von Morimura ist abgebildet (auf den Köpfen eingraviert). Von der Firma verwendete Bezeichnungen, die manchmal auf einem am Bauch der Puppe angebrachten Etikett erscheinen, sind u.a.:

Baby Darling oder **My Darling** (1919 – siehe Abb.)
Baby Ella (1919)
Baby O'Mine (1920))

Baby Rose (1919)
The Bester Doll (1918)
Dolly Doll (1919)
First Prize Baby (1919)
My Sweetheart (1920)
Queue San Baby (1916 – siehe Abb.)

Carl Moritz

Taubenbach

Diese Porzellanfabrik wurde 1840 gegründet, als Puppenhersteller ist sie aber erst seit 1888 bekannt. Nach 1893 konzentrierte sich die Firma auf Spielzeug und Kleinblech.

Charles Morrell

London

Die 1878 gegründete Einzelhandels-, Export- und Importfirma Morell verkaufte bis in die 20er Jahre Pierotti-Wachspuppen wie auch deutsche und französische Schöpfungen. Die Firmenmarke befindet sich in der Regel auf den Körpern. [Der Puppenmacher Horace W. Morrell, evtl. ein Vorgänger, hatte 1870 dieselbe Adresse und brachte sie auf seinen Etiketten an.]

Alexandre Mothereau

Paris

Die Marke **B.M.** taucht auf einer Gliederpuppe namens **Bébé Mothereau** auf, die die Firma von 1880 bis 1896 herstellte.

Mother's Congress Doll Co.

Philadelphia

1900–1911 Herstellung von Stoffpuppen; 1900 Einführung des **Baby Stuart**. Die Marke erscheint auf dem Rücken.

Christoph Motschmann

Sonneberg

Nach Jürgen und Marianne Ciesliks gründlichen Recherchen dürfte Christoph Motschmann das erste Patent für einen Sprechmechanismus erhalten haben, der zu niedrigsten Kosten massengefertigt und in den Puppenkörper eingesetzt werden konnte. Der abgebildete Stempel befindet sich auf Sprechpuppen aus der Produktion von 1857 bis 1859, den Jahren, in denen das Patent galt. Es gibt jedoch keinen Beweis, daß Motschmann die Puppen herstellte, die sein Gerät hatten.

PATENT 29 APRIL
1857
CH. MOTSCHMANN
SONNEBERG

Andreas Müller

Sonneberg und Coburg

Gegründet 1887; 1894–1928 Puppen und Puppenkörper aus Nanking, Wachs und Holz. (Eintragung der **Kronen**-Marke 1896, der von Bär und Puppe begleiteten **Windmühle** 1922, nach Verlegung nach Coburg.)

SCHUTZ MARKE
EINGETR.

Karl Müller & Co.

Effelder

Ca. 1923–1928 Herstellung von Weichpuppen und Babys mit Biskuitkopf.

Pierre Muller

Levallois, Frankreich

1924 Eintrag der Schutzmarke **Olympia**.

Olympia

W. G. Müller

Sonneberg

Die 1900 gegründete Fabrik montierte Puppen unter Verwendung von Körpern einer Neustädter Firma und Biskuitköpfen von Armand Marseille (Form-Nr. 390) bzw. Zelluloidköpfen der Rheinischen mit deren bekannter Schildkröten-Marke. Hauptabnehmer in Amerika war Louis Wolf. Die Schutzmarke **Weegem** dieser Firma, die die Initialen **W G M** enthält, wurde 1930 eingetragen.

Müller & Kaltwasser

Rauenstein

Ca. 1927 bis ca. 1935 Herst. v. Stoffpuppen.

Müller & Strasburger

Sonneberg

Ca. 1884–1892 Herstellung von Papiermachee- und Porzellanpuppen. Das abgebildete Etikett wurde auf Schulterköpfen aus Papiermachee verwendet. Weitere Nummern: 1020, 2020 und 4515.

M & S
Superior
2015

Maison Munnier

Paris

1834–1852 Herstellung von Wachs- und Papiermachee-Puppen. Die abgebildete Marke befindet sich auf einem Puppenkörper.

N

A. Nadaud

Paris

Von 1878 bis um 1890 Verkauf von Puppen, darunter einige mit Biskuitköpfen von Simon & Halbig (überwiegend die bekannte S&H-Form 1079). Die **Nadaud**-Marke wurde als Etikett und als Stempel auf dem Puppenkörper verwendet.

JOUETS COTILLON
NADAUD
32 Rue du Septembre

Hippolyte Naneau

Paris

1905 Eintragung der Schutzmarke **Gentil Bébé**.

GENTIL BÉBÉ

National Joint-Limb Doll Co.

New York City

1917–1922 Herstellung von Papiermachee-Puppen. Ließ 1917 die Schutzmarke **NAJO** eintragen und bot **Miss Najo**-Puppen an. Die Marke befindet sich auf dem Körper.

NAJO

Mabel Drake Nekarda

New York City

Nekardas Schutzmarken **Suffragette Kid** und **Votes-for-Women** wurden 1911 eingetragen. Sie verfügte, daß die Schutzmarken als Etiketten an den Puppen anzubringen seien.

Nelke Corp.

Philadelphia

1917–25 Herstellung von Strickpuppen; die Schutzmarke (1925) erschien auf einem Bändchen-Etikett. Nelke bot u.a. folgende Puppen an: **The Cop** (1923), **Diggeldy Dan** (1923), **The Imp** (1923), **Nelke Boy** (1921), **Nelke Clown** (1921) und **Nelke Dollies** (1918).

NELKE

Neumann & Marx

(siehe Société Industrielle de Celluloid)

New Era Novelty Co. (Nenco)

Newark, New Jersey

1914–1916 Produktion von Gelenkpuppen aus Composition. 1915 Einführung der Bezeichnungen **Our Baby, S'Kooter Kid** und **YamaYama Doll**.

E NN Co

NENCO S'KOOTER KID

YAMAYAMA DOLL

New Era Toy & Novelty Co.

Newark, New Jersey

1921 Herstellung der Buben- und Mädchenpuppen **Kimball** sowie der Puppen **Flirt** und **Cherie**, alle vom «Cherub»-Typ. [Eine Verbindung zwischen New Era Toy & Novelty und New Era Novelty Co. konnte nicht nachgewiesen werden.]

New Toy Manufacturing Co.

New York City und Newark, New Jersey

Die vor 1912 gegründete New Toy Manufacturing Co. nahm 1917 für sich in Anspruch, die größte amerikanische Puppenfabrik zu sein. Sie spezialisierte sich auf Charakterpuppen aus Composition (deren Marke **Nutoi** ab 1918 verwendet, aber erst 1920 eingetragen wurde) und einem neuen Material, für das 1915 die Marke **Lignumfibro** eingetragen wurde. Einige der zahlreichen Bezeichnungen der Firma sind:

Bride (1919)
Bridesmaid (1919)
Coquette (1912)
Kupid (1919)
Maytime Girl (1919)
Merry Widow (1919)
Midolly (1919)
Newbisc, the World's Doll (1919 – s. Abb.)
Peggy (1919)
Phyllis May (1920)

NUTOI

LIGNUMFIBRO

MADE IN U.S.A
NEWBISC

New York Rubber Co.

New York City

1851–1917 Herstellung von Gummipuppen nach Goodyears Patent.

NEW YORK RUBBER CO.
GOODYEAR'S PAT. 444

Nöckler & Tittel

Schneeberg

Die 1849 gegründete Fabrik Nöckler & Tittel stellte nach 1886 ein breites Sortiment von Puppen und Puppenköpfen aus Composition, Gummi, Holz und Wolle her. Biskuitköpfe bezog die Firma von Armand Marseille (Form-Nummern 370, 375, 390 und 391), Alt, Beck & Gottschalck und Hertel, Schwab & Co. (Formen aus der 100er Serie). Die Köpfe der Charakterpuppen waren mit den Initialen der Firma gemarkt; 1923 wurde die Schutzmarke **Schneeflöckchen** eingetragen.

N & T
2

Charles Marie Paul Noël

Saint-Etienne, Frankreich

1923 Eintragung der Schutzmarke **Marquisette**.

Non-Breakable Doll Co.

Pawtucket, Rhode Island

1912–16 Puppenherstellung. Ließ (1915) die Schutzmarke **Jam Kiddo** eintragen und bot über 30 verschiedene Puppen an, u.a. **Clownee, Red Riding Hood, Sailor Boy, Sweet Lavender** und **Toddles**.

Non-Breakable Toy Co.

Milwaukee und Muskegon, Michigan

1916–1917 Herstellung unzerbrechlicher Puppen der Bezeichnung **Capo**.

Nonbreakable Toy Co.

New York City

Bot 1911–1912 die Clownpuppe **Mar-sellene** und die **Kandy Twins** an.

Leo Nordschild

Berlin

Die 1878 gegründete Firma Nordschild produzierte in den 20er Jahren Künstlerpuppen, Glieder- und Laufpuppen sowie Charakterbabys, u.a. mit Köpfen von Kämmer & Reinhardt. 1924 Eintragung der Schutzmarke **Bella Puppen**.

O

Nikolaus Oberender

Öslau

Die Firma produzierte von ihrer Gründung 1910 bis mindestens Ende der 20er Jahre Biskuit-Puppenköpfe. Das verschlungene **NO** wurde zusammen mit einer Form-Nr. in die Köpfe graviert. Verwendete Nummern waren u.a. 125, 2000 und 2010.

H. Offenbacher & Co.

Nürnberg

Gegründet 1919; 1921 Eintragung der Marke **Oco** für Stoffpuppen, Gliederpuppen, Sitzbabys und Toddler. Die Marke erscheint auf einem am Fuß angebrachten Bändchen.

Gebrüder Ohlhaver

Sonneberg

Die Gebrüder Ohlhaver führten ihre bekannte Schutzmarke **Revalo** 1913 ein (Revalo = O(h)l(h)aver, rückwärts buchstabiert). Einander widersprechende Quellen nennen als Gründungsdatum der Firma 1897 und 1912. Wie die abgebildeten Marken zeigen, verwendete die Firma Köpfe anderer deutscher Hersteller, u.a. Ernst Heubach, Gebrüder Heubach und Porzellanfabrik Mengersgereuth (**X** im **Kreis**). Das Wort **Igodi** auf einer der Marken bezieht sich auf einen patentierten Kurbelkopf, den Johann Gottlieb Dietrich 1919 erfand; solche Köpfe wurden auch von Ernst Heubach hergestellt. 1921 führte Ohlhaver **My Queen Doll** und **Bébé Princesse** ein. An Form-Nummern sind 10727 und 11010 bekannt.

Fernand Paulin Olivier

Mézières, Frankreich

1920 Eintragung der Schutzmarke **A la Clinique des Poupées**.

Rose O'Neill

Wilkes-Barre, Pennsylvania

Rose O'Neills lustige Zeichnungen der putzigen **Kewpies** erschienen erstmals 1909 im *Ladies Home Journal*; ihre sofort einsetzende Popularität brachte eine Flut von Puppen hervor, die Rose O'Neill unter der Leitung von Joseph Kallus (siehe Cameo Doll Co.) entwarf und die ab 1912 auf den Markt kamen. Zu Beginn des I. Weltkriegs produzierten über 21 Firmen in Deutschland und den USA Kewpies, um den Bedarf der George Borgfeldt Co. zu decken, die ab 1916 den Alleinvertrieb hatte. Borgfeldt bezog Ganzbiskuit-Kewpies von Kestner, Gebrüder Voight, Hermann Voight und anderen Porzellanfabriken. Zelluloid-Kewpies kamen von Karl Standfuß, Stoff-Kewpies von Steiff und Composition-Kewpies u.a. von der Cameo Doll Co. Die meisten Kewpies waren am Fuß mit O'Neills Signatur gemarkt; herzförmige oder runde Aufkleber wurden auf der Brust angebracht. Welche Kewpies von welchem Lieferanten stammen, ist schwer zu sagen, denn mit Ausnahme von Kallus' Cameo Doll Co. versahen die wenigsten Lieferanten die Puppen mit eigenen Marken. Zudem gab es aufgrund der großen Beliebtheit zahlreiche nichtautorisierte Nachahmungen.

Rose O'Neill entwarf 1925 den Kewpie-Nachfolger **Scootles**, dessen Name oder auch **Rose O'Neill** auf die Fußsohle graviert war.

Rose © O'Neill

Scootles

Copyright Rose O'Neill

Kewpie Germany

Kewpie Reg. U.S. Pat. Off.

Kewpie Rose O'Neill © 1913 Reg. U.S. Pat. Off. Made in Japan

Jeanne I. Orsini

New York City

Im Zeitraum zwischen 1915 und 1925 entwarf J. I. Orsini eine Anzahl kleiner Charakterpuppen, zumeist mit fröhlichem, lächelndem Gesicht. Einige Ganzbiskuit-Versionen wurden von Alt, Beck & Gottschalck produziert (mit **JIO © 1920** gemarkt); einige wurden auch von Borgfeldt vertrieben. Von Orsini verwendete Bezeichnungen waren u.a.:

Didi (1920)
Dodo (1916)
Fifi (1918)
Mimi (1920)
Nellie Sunshine (1918)
Tummyache (1916)
Uncle Sam (1919)
Vivi (1920 – siehe Abb., Aufkleber)
Zizi (1920)

An Formnummern sind 1429, 1430 und 1440 bekannt.

Copr. By
J.J. Orsini
Germany

J.I.O. © 1920
44

VIVI
REG. U.S. PAT. OFF
COPR. 1920 J.J. ORSINI
PAT. APPL'D FOR
GERMANY

Oz Doll & Toy Manufacturing Co.

Los Angeles

1924 ließ Frank Baum, Autor des *Wizard of Oz* (1900) eine Schutzmarke für Puppen eintragen.

OZ TOYS Z AND DOLLS

P

Madame Pannier

Paris

Von 1872 bis 1892 stellte Madame Pannier Puppen und Puppenzubehör her und gehörte zu den Handelsvertretern Jumeaus. Die **CP**-Marke (für Charles Pannier, wohl ein Verwandter) ist in den Kopf graviert, die andere auf eine Fußsohle.

C9P.

Mme. Pannier

Pápa
Ungarn

Von der 1811 gegründeten Keramikfirma ist bekannt, daß sie Puppen und Töpfereiwaren herstellte.

PAPA

Gebrüder Paris
Oberköditz

Gegründet 1886; 1898–1938 Herstellung von Badepuppen. Eintragung der Schutzmarke 1910, Gebrauch jedoch schon ab 1907.

Parsons-Jackson Co.
Cleveland

Die Firma Parsons-Jackson entwickelte das zelluloidähnliche Material **Biskoline** und führte es 1910 ein; Eintragung 1913. Im selben Jahr erfolgte die Eintragung zweier weiterer Marken – der Buchstaben **KKK** und der **Storchen**-Marke, die sich auf Puppenköpfen und -körpern findet (hier mit dem Zusatz von Firmenname und -anschrift). Werbespruch: **Kant Krak**.

THE PARSONS-JACKSON CO.
CLEVELAND, OHIO.

Peacock's
London

Um 1862 Vertrieb von Composition- und Wachspuppen.

From
PEACOCK'S
The Beaming Nurse
525 NEW OXFORD ST.
Corner of Bloomsbury St.
LONDON, W.C.

Pean Frères
(siehe Chambre Syndicale des Fabricants de Jouets Français)

Mrs. Lucy Peck
London

1891–1921 Herstellung und Verkauf von Puppen in ihrem Geschäft *The Doll's House*. Varianten ihrer Marke findet man auf Körper von Wachspuppen gestempelt.

"DOLLS AND TOYS OF ALL DESCRIPTION REPAIRED."
MRS. LUCY PECK
THE DOLL'S HOUSE
131 REGENT ST. LONDON
-W.-

E. Pelletier
Marseilles

1890–1900 Herstellung und Export von Bébés, u.a. mit Holzköpfen. Die 1892 eingetragene Schutzmarke wurde auf der Verpackung verwendet.

Hermann Pensky
Eisfeld und Coburg

Um 1925 Herstellung von Mama-Puppen, Weichpuppen und Laufpuppen. Die Marke

Pehaco ist die phonetische Wiedergabe der Buchstaben aus dem Namen Pensky Hermann Coburg.

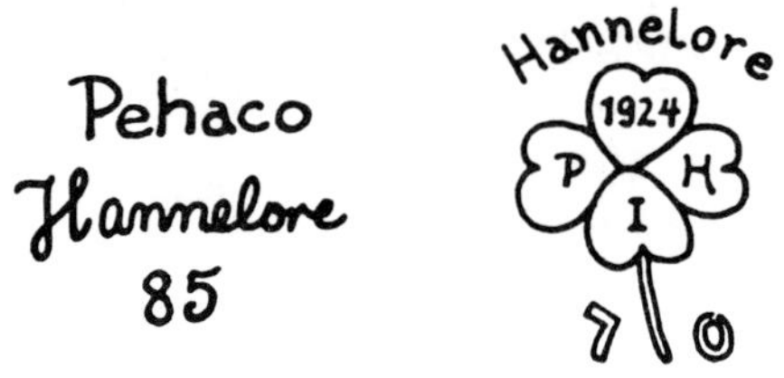

Perfect Toy Manufacturing Co.

New York City

1919–1920 Herstellung von Composition-Puppen. Die Bezeichnung **Baby Petty** wird ab 1919 gebraucht. **Perfect** wurde auf Schulterplatten graviert.

PERFECT

Henry Perier

Paris

1916 Eintragung der Schutzmarken **M.P.** und **La Vraie Parisienne** für Puppen.

M.P

La Vraie Parisienne

Gaston Perrimond

Nizza

1924 Eintragung der Schutzmarke **La Poupée Nicette** für Stoffpuppen.

La Poupée "**NICETTE**"

Madame Perrin

Paris

1916 Eintragung der Schutzmarken **La Poupée des Alliés** und **L.P.A.** für Puppen.

La Poupée des Alliés

M. Pessner & Co.

New York City

1914 Eintragung der Schutzmarke **Sistie Doll** für Puppen.

Petit & Dumontier

Paris

1878–1890 Herstellung von Puppen und Bébés. Die auf Biskuitköpfen eingravierte Marke **P+D** wird dieser Firma zugeschrieben, was jedoch unbestätigt ist.

P+D

Petit & Mardochée

Fountainbleau, Frankreich

Ca. 1843–1860 Herstellung von Porzellanköpfen. Die abgebildete Marke war in Köpfe graviert und enthält die Initialen des Gründers Jacob Petit.

J.P.
PAR BREVET

Petitcollin

Paris, Etain und Lilas, Frankreich

Die 1914 gegründete Firma stellte Zelluloidpuppen her.

Dr. Dora Petzold
Berlin

Ab 1919 Herstellung von Künstlerpuppen aus Stoff mit Composition-Kopf; 1920 Eintragung der Schutzmarke **Dora Petzold**, 1924 der Kreismarke mit Mädchen und **D P**.

D P

Fritz Pfeffer
Gotha

1892 übernahm Fritz Pfeffer eine bereits bestehende Porzellanfabrik. Bis mindestens 1930 produzierte er Puppenköpfe, Badepuppen, Nanking-Puppen und Puppenteile. **PG** bedeutet vermutlich «Pfeffer/Gotha».

FP PG

Emil Pfeiffer
Wien

Gebrüder Pfeiffer
Köppelsdorf

Die Firma Emil Pfeiffer wurde 1873 gegründet und ließ 1904 ihre **Pfeifer**-Schutzmarke für Composition-Puppen eintragen. Die Kreismarke mit den verschlungenen Initialen **EP** wurde ab 1916 verwendet. Eingetragene Bezeichnungen waren u.a. **Fritz** (1917), **Hanka** (1924), **Huberta** (1917) und **Hubsy** (1925). **Tipple Topple** (1922) diente zur Kennzeichnung des speziellen Composition-Materials der Firma. Pfeiffer verwendete Köpfe von Armand Marseille mit den Form-Nummern 390, 560a und 1894 sowie Köpfe von Ernst Heubach. 1926 wurde die Firma in Emil Pfeiffer & Söhne umbenannt. Gebrüder Pfeiffer war der deutsche Zweigbetrieb der Wiener Firma.

EP

Hubsy.
52.
Germany

Margaret B. Philips
Port Allegany, Pennsylvania

1916 Eintragung der Schutzmarke **Polly Preparedness Patriotic Person**.

Pierotti
London

Die Familie Pierotti stellte ab etwa 1789 hervorragend modellierte Wachspuppenköpfe her und lieferte um 1850 auch Puppen aus Composition und Papiermachee. (Was heute noch an Stücken dieser Firma auftaucht, stammt zumeist aus der Zeit nach 1880.) Pierotti-Köpfe saßen auf ebenfalls von der Familie angefertigten Weichpuppen; die abgebildete, in den Nacken gravierte Marke ist selten, da die Londoner Händler zumeist ihre eigenen Marken verwendeten.

Pierotti

Karl Pietsch
Neustadt und Öslau

Puppenfabrik und -export; 1921 bis um 1930 hauptsächlich Gelenkpuppen und Babys.

Spielwaren
KPN

M. Pintel, Jr.

Paris

1913 Eintragung eines blau-weiß-rot gestreiften **Bandes** als Schutzmarke für Stoffpuppen. (Das Band wurde als Besatz an der Kleidung verwendet.) Anfang der 20er Jahre hieß die Firma Pintel Fils.

Plass & Rösner

Buchau, Böhmen

Um 1907 bis 1913 Herstellung von Biskuitköpfen und Badepuppen. [Böhmen gehörte damals zu Österreich-Ungarn, daher das **Made in Austria** in der Marke.]

Politzer Toy Manufacturing Co.

New York City

1915 Eintragung einer Schutzmarke; die Firma wurde als Herstellungs- und Vertriebsunternehmen geführt.

Pollak & Hoffmann

Buchau, Böhmen

1902–1907 Herstellung von Biskuitköpfen.

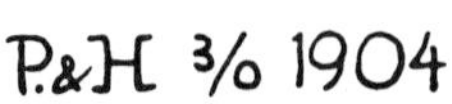

Porzellanfabrik Günthersfeld

Gehren

Die 1881 von Friedrich Degenring gegründete Fabrik stellte in den 90er Jahren Puppenköpfe her.

Porzellanfabrik Mengersgereuth

Mengersgereuth

Die 1908 gegründete Fabrik stellte von ca. 1913 bis 1930 Puppenköpfe her. 1925 wurde Robert Carl Alleininhaber; von da an verwendete Mengersgereuth seine **RC**-Marke neben Varianten wie **R** oder **X** im Kreis. Carl entwickelte Köpfe der Marke **Trebor** («Robert» rückwärts). Es entstanden die Charakterpuppen **Grete** und **Herzi**; sie und andere waren mit **PM** gemarkt, was bis zur Klarstellung durch Cieslik als Porzellanfabrik Moschendorf von Otto Reinecke fehlinterpretiert wurde. Mengersgereuth lieferte Köpfe an Gebrüder Ohlhaver und Carl Harmus (für diese beiden Firmen wurde die Dreiecksmarke eingesetzt; die Kreismarke fand auf einigen Köpfen für die Eigenfertigung der Firma Verwendung). Bekannte Form-Nummern: 255, 800, 828, 830, 904, 914, 916, 924, 926, 927, 928, 929 und 950.

Porzellanfabrik Rauenstein

Rauenstein

Die 1783 gegründete Fabrik produzierte von den 1880er Jahren bis mindestens 1930 Puppenköpfe und Nanking-Puppen. Die Form-Nummern 114 und 191 (**Alice**) stammen aus der Zeit vor 1890 bzw. aus dem Jahr 1892. Die Buchstaben **A, C, N, P** und **R** tauchen für gewöhnlich zusammen mit den gekreuzten Haken oder einer Form-Nummer auf. Von dieser Firma ist auch ein Biskuitkopf mit der Markung **Dora** bekannt.

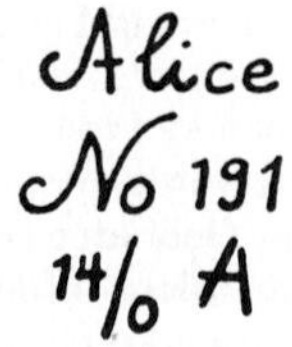

Porzellanfabrik von Alt

(siehe Alt, Beck & Gottschalck)

Leo Potter

New York City

1915 Eintragung der Schutzmarke **Nockwood.**

Francisque Poulbot

Paris

Madame Poulbot

Paris

Ob es sich bei Francisque Poulbot und Madame Poulbot um verschiedene Personen handelt, ist noch unbekannt. Francisque Poulbot ließ 1913 die Schutzmarken **Un Poulbot** und **Une Poulbotte** eintragen; auch auf einer S.F.B.J.-Puppe taucht der Name Poulbot auf (siehe Abb.). Eine Madame Poulbot ließ 1918 die abgebildeten Marken eintragen.

ANSONNET

BABA

COCO

COCO
L'Infernal brise-tout

FANFOIS

Le Petit LARDON

LILI

MOMO

MOUTCHOU

MOUTCHOU
La Mouche

NENETTE

NINI

NINI
La Princesse

PILEFER

RINTINTIN

SAC de TERRE
ZIZINE

S.F.B.J.
239
PARIS
Poulbot

William H. Price, Jr.

Akron, Ohio

1923 Eintragung einer Schutzmarke für eine Tanzpuppe.

Slimber Jim
THE DANCING DOLL

Progressive Toy Co.

New York City

Herstellung von Biskuitpuppen, auch mit Composition-Kopf. Bezeichnungen u.a.: **Admiration** (1917), **Admiration Babies** (1918), **Chatterbox** (1923), **Dimples** (1921), **Eversweets** (1921), **Little Love Pirate** (1919), **Sweetie** (1919) und **Sweetness** (1919).

Adolf Prouza

Klein Schwadowitz-Eipel, Böhmen

Von 1908 bis mindestens 1930 Herstellung von Badepuppen und Gelenkpuppen.

A.P
1903
8

Wenzel Prouza

Sataliz, Böhmen

Gegründet 1905. Bis mindestens 1930 Herstellung von Porzellan- und Badepuppen.

1899
WEP
3

Puppen-Industrie Gotha

Gotha

Herstellung von Puppenkörpern; 1924 Eintragung der Schutzmarke **Pigo**.

Grace Storey Putnam

Oakland, Kalifornien

G. S. Putnam war Kunstlehrerin in Oakland. Anfang der 20er Jahre schuf sie eine Puppe nach einem drei Tage alten Baby. Dieses **Bye-Lo Baby** (1922) wurde dank der Verkaufserfahrung Georg Borgfeldts ein riesiger Erfolg. Das später «Millionen-Dollar-Baby» genannte Bye-Lo hatte zunächst einen Biskuit-Kurbelkopf auf Composition-Körper. Innerhalb eines Jahres wurde es auch mit Ringhalskopf auf Stoffkörper nach einem eigenen Entwurf von Mrs. Putnam geliefert. Die Biskuitköpfe stammten von deutschen Herstellern, darunter Hertel, Schwab & Co., Kestner und Kling. Ganzbiskuit-Puppen entstanden bei Kestner, Zelluloidpuppen bei Standfuß (ab 1925). Bye-Los aus Composition wurden schon 1924 von der Cameo Doll Co., solche aus Holz 1925 von Schoenhut hergestellt. Mrs. Putnam stand mindestens 20 Jahre bei Borgfeldt unter Vertrag und schuf noch weitere Puppen (am Kopf gemarkt mit **Copr. by // Grace S Putnam // Germany** // [oder **MADE IN GERMANY**]). Einige weisen auch eine Formnummer auf. Die abgebildete Kreismarke wurde als Etikett verwendet (die K&K Toy Co. montierte für Borgfeldt die Puppen); die Marke mit den Ziffern 20-10 trugen alle Ganzbiskuit-Bye-Los (vermutlich von Kestner hergestellt).

BYE-LO BABY
REG. U.S. PAT. OFF.
PATENT APPLIED FOR
K AND K
COPYRIGHT 1922
BY GRACE STOREY
PUTNAM

©1923 by
Grace S. Putnam
MADE IN GERMANY

20-10
Copr. by
Grace S. Putnam
Germany

Q

Quaker Doll Co.

Philadelphia

1915–1918 Herstellung von Charakterpuppen unter dem Namen **Quaker Quality**.

QUAKER
QUALITY

R

Rabery & Delphieu

Paris

Die 1856 gegründete Firma Rabery & Delphieu stellte Stoff-, Ziegenleder und Gelenkpuppen her, einige mit Biskuitkopf. Nach 1890 wurden die Initialen R.D. für Composition-Bébés und für Sprechpuppen verwendet. Bezeichnungen waren u.a.: **Bébé Rabery** und **Bébé de Paris** (ab 1898). Die Firma trat 1899 dem S.F.B.J. bei.

R.3.D

Max Rader

Sonneberg

Ca. 1910–1913 Herstellung von Charakterpuppenköpfen aus Biskuit und Composition. Form-Nummern: 40, 47, 50 und 5050.

40
R. DEP.
10

S
R 47-6 DEP

Jessie McCutcheon Raleigh

Chicago

1916–1920 Herstellung von Composition- und Stoffpuppen, viele durch Butler Brothers vertrieben. Bezeichnungen u.a.:

Baby Petite (1916)
Baby Sister (1919)
Baby Stuart (1919)
Betty Bonnet (1918)

Big Mary (1919)
Bobbie Burns Lassie (1918)
Bye Bye Baby (1918)
Comfort (1920 – Stoffpuppe)
Curly Locks (1916)
Daisy Anna (1919)
Dearie (1916)
Debutante (1918)
Doll-O'-My-Heart (1919)
Dorothy (1919)
Elise (1919)
Evelyn (1919)
Goldilocks (1919)
Helen (1919)
Honey Bunch (1918)
Jane (1916)
Johnny Jump-Up (1918)
Kiddie Kar Kiddie (1916)
Kindergarten Girlie (1918)
Little Brother (1918)
Little Lucille (1919)
Little Miss Happy (1919)
Little Playmate (1918)
Little Princess (1918)
Little Sherry (1919)
Lucille (1919)
Mama's Angel Child (1919)
Mammy Jinny (1920)
Marjorie (1918)
Mary Had a Lamb (1919)
Mary-Quite-Contrary (1919)
Miss Happy (1919)
Miss Sunshine (1918)
Miss Traveler (1916)
Mother's Darling (1918)
My Favorite (1916)
Nancy C. (1918)
Peeps (1918)
Pink Lady (1919)
Polly (1918)
Poppy (1919)
Priscilla (1919)
Rabbit Lady (1919)
Red Riding Hood (1919)
Rosemary (1919)
Sam (1920 – Weichpuppe)
School Girl (1918)
Shoe Button Sue (1920 – Weichpuppe)
Sonie (1918)
Stair-Step Family (1920)
Summer Girl (1918)
Sweetheart (1919)
Tiny Tot (1919)
Uncle Sam (1917)
Vacation Girl (1918)
Winter Girl (1918)

Bernard Ravca

Paris

Der in den 30er und 40er Jahren bekannte Künstlerpuppenmacher Ravca wurde bald populär mit Puppen im Aussehen der Entertainer **Maurice Chevalier** und **Mistinguette** (um 1925). Die Original-Ravca-Puppen trugen den abgebildeten Aufkleber; diese Etiketten gehen jedoch leicht verloren, und zudem hatte der Künstler viele Nachahmer.

Louis Reber

Sonneberg

Gegründet 1910; Bis Ende der 20er Jahre Herstellung von Leder- und Gummipuppen, Puppen mit Kugelgelenken und Charakterbabys. Die unten abgebildete Marke stammt von einem Kurbelkopf um 1924.

Theodor Recknagel

Alexandrienthal

Ca. 1893 bis ca. 1920 Herstellung von Biskuitköpfen; nach dem I. Weltkrieg auch Compositionköpfe. Man beachte, daß die Initialen **RA** (für Recknagel Alexandrienthal) in den Marken der Firma manchmal zu **AR** umgestellt wurden. Bekannte Formennummrn sind u.a.: 22, 28, 31, 39, 47, 86, 121, 126, 127 und 1909. Gelegentlich erscheinen die Initialen **JK**, **NG** oder **NK** über der **AR**- bzw. **RA**-Marke, ihre Bedeutung ist jedoch unbekannt.

R A
RIX· 11/0

1909
DEP
R 11/0 A

GERMANY
NK4
A. 1. R.

Regal Doll Manufacturing Co.

New York City

1918 bis um 1928 Herstellung von Composition- und gestopften Puppen. 1925 eingetragene Marken sind u.a. **Hug Me**, **«Kiddie Pal Dolly»** und **Queen of Toyland**. Vorgänger der Firma war die American Doll Co.

"KIDDIE PAL DOLLY"
REGAL DOLL MFG. CO. INC.

Rehbock & Loewenthal

Fürth

1914 Eintragung der Schutzmarke **Chérie Bébé** in Frankreich.

CHÉRI BEBÉ

Ernst Reinhardt

Philadelphia; East Liverpool, Ohio; sowie Irvington, Metuchen und Perth Amboy, New Jersey

1909 wanderte Reinhardt nach Amerika aus. Er hatte in Deutschland kurzzeitig eine Puppen-Montagefirma betrieben. In Philadelphia, wo er sich zunächst niederließ, produzierte Reinhardt Biskuitkopf-Puppen mit Papiermachee-Körper und Holzgliedern. 1917 gründete er die kurzlebige Bisc Novelty Manufacturing Company in Ohio. Von 1918 bis 1922 stellte Reinhardt an verschiedenen Orten in New Jersey Biskuitpuppen her [mit **Perth Amboy** und **Mesa** gemarkte Puppen stammen aus dieser Zeit, ebenso **Augusta** (1920)]. Reinhardts Firmensitz zur Zeit der Verwendung der abgebildeten Marken ist unbekannt. Siehe auch Bisc Novelty Manufacturing Company.

ER

USA
ER

Reliable Toy Co.

Toronto, Kanada

Ab 1920 stellte Reliable Composition-Puppen her, die in der Regel auf Kopf oder Schulterplatte wie abgebildet gemarkt waren. Die Firma warb vor 1940 u.a. mit den Bezeichnungen **Baby Bunting** (1939), **Peggy** (1939), **Shirley Temple** (30er Jahre) und **Wetums** (30er Jahre). In den 20er Jahren bot die Firma einen «Mounty» (kanad. Polizist) mit der Kopfmarkung **Reliable / Made in / Canada** an. Die Firma besteht gegenwärtig noch.

RELIABLE
MADE IN CANADA

Frédéric Remignard

Paris

1884–1890 Herstellung von Puppen und *bébés incassables*, darunter **Le Petit Chérubin** (1888).

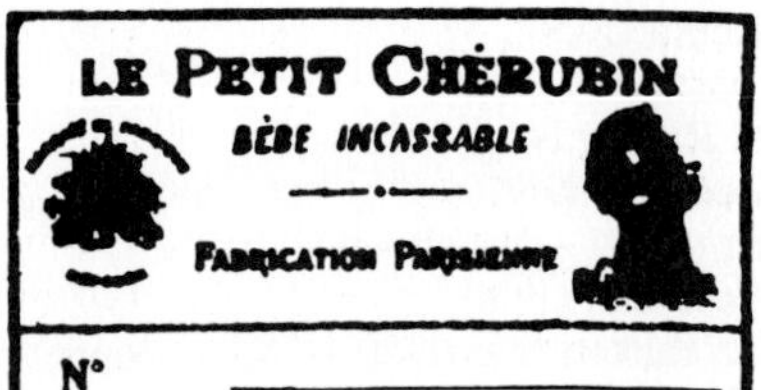

Rémond & Perreau

(siehe François Gillard)

Moritz Resek

Smichow, Böhmen

Gegründet 1889; bis mindestens 1920 Herstellung von Puppenteilen, Biskuitköpfen und Gelenkpuppen.

MR
1895
175
16 3/4

Paul Revere Pottery

Boston und Brighton, Massachusetts

Die Firma stellte während des Ersten Weltkriegs Biskuit-Kurbelköpfe und Ganzbiskuit-Puppen her, stellte diese Produktion jedoch ein, als Deutschland seinen Export nach 1920 wieder aufnahm. Außer den Initialen **P.R.P.** wies die Firma in ihren Marken u.a. mit **BI**, **C2** und **LRT** auf ihre Puppenmaler hin.

P·R·P
110·2

Rheinische Gummi- und Celluloid-Fabrik

Mannheim-Neckarau

Die kurz «Rheinische» genannte Gummiwarenfabrik, die zum wichtigsten deutschen Hersteller von Zelluloidpuppen werden sollte, wurde 1873 gegründet und verwendete ab 1889 ihre berühmte **Schildkröten**-Marke, obwohl sie erst 1896 die Puppenproduktion aufnahm. Neben der Herstellung eigener Puppen lieferte sie Köpfe – sowohl fertig bearbeitet als auch roh – an andere große Firmen, darunter Buschow & Beck, Kämmer & Reinhardt, Kestner und König & Wernicke. Man findet daher immer wieder Puppenköpfe mit der Schildkrötenmarke und gleichzeitig der Schutzmarke anderer Firmen. Eingetragene Gebrauchsmuster können zuweilen bei der Datierung einer Puppe der Rheinischen hilfreich sein, man muß jedoch die GM-Nummer, die manchmal mit der Schildkröten-Marke erscheint, mit der betreffenden Puppe vergleichen, da viele Nummern mehrfach verwendet wurden. GM 12 wurde z.B. eingetragen für eine Puppe im Clowns-Kostüm (1907), einen Bubenkopf (1910), den Kopf eines Püppchens (1912) und eine Charakterpuppe namens **Putzi** (1924) u.a.m. 1926 ließ die Firma die Schutzmarke **Miblu** für ein neues, durchscheinendes, wachsähnliches Zelluloid eintragen. Weitere Bezeichnungen der Rheinischen waren u.a.: **Anneliese** (1926), **Hansel** (1930), **Jeff** (1914), **Max** und **Moritz** (1910), **Martha** (1927), **Michel** (1909), **Putzi** (1924), **Rudy** (1926) und **Ruth** (1926).

August Riedeler

Königsee und Garsitz

Die 1864 gegründete Porzellanfabrik Riedeler stellte ab 1872 Biskuit-Puppen und -Köpfe her und erweiterte innerhalb 20 Jahren die Produktion auf Nanking-Körper, Stoffpuppen und bekleidete Badepuppen. Um 1930 bot die Firma auch Zelluloidpuppen an und lieferte letztendlich eine Million Biskuit-Püppchen jährlich an Woolworth. Zwei Riedler-Schutzmarken sind abgebildet, dazu eine auf einem Schulterkopf eingravierte Marke. Bekannte Formnummern sind 6 und 969.

AR
6

Marie Georgette Rigot
Paris

1928 Eintragung der Schutzmarke **L'Idéale**.

L'IDÉALE

Maison Rohmer
Paris

Ca. 1859–1880 Verkauf von Puppen aus Ziegenleder, Stoff und Guttapercha. Die Marke unten erscheint auf Ziegenlederkörpern.

MME ROHMER
BREVETE SGDG PARIS

Rockwood Pottery
Cincinnati, Ohio

Die 1880 gegründete Keramikfirma produzierte nach dem Ausbleiben europäischer Lieferungen im I. Weltkrieg Biskuit-Puppenköpfe.

Charles Rossignol
Paris

1878–1900 Herst. mechanischer Puppen.

CR

Henri Rostal
Paris

1914 Eintragung der Schutzmarken **Mon Trésor** und **Bébé Mon Trésor** für Puppen. Auch die Initialen **HR** dienten als Marke.

MON TRÉSOR

TRÉSOR

Bébé
MON TRÉSOR
Marque Déposée
H.R PARIS

Sigmund I. Rothschild
New York City

Rothschilds 1919 eingetragene Schutzmarke war auf ein an den Puppen angebrachtes Papieretikett gedruckt.

SIR

Roullet & Decamps
Paris

Die 1865 gegründete Firma Roullet und Decamps ist einer der bekanntesten Hersteller von Puppenautomaten (Akrobaten, Tamburinspieler, Zauberer u.a.m.). 1893 wurde «**L'Intrépide Bébé**» als Schutzmarke eingetragen; auch die Initialen **R.D.** wurden als Marke verwendet. Für die mechanischen Schwimmpuppen **Ondine** lieferte Simon & Halbig die Köpfe.

R.D.

"L'INTRÉPIDE BÉBÉ„

Royal Copenhagen Manufactory

Kopenhagen

Ca. 1844–1884 Herstellung von Porzellanköpfen mit modelliertem Haar.

Royal Toy Manufacturing Co.

New York City

Gegründet 1914; Herstellung des Sortiments **Royal Doll** mit **Prize Winner Baby** (1924) und **Royal Baby Bunting** (1925).

Edmée Rozier

(siehe Cecile Lambert)

S

Saalfield Publishing Co.

Akron, Ohio

1907 brachte Saalfield den ersten Satz Puppen-Ausschneidebogen auf Musselin nach Zeichnungen der beliebten Künstlerin Kate Greenaway heraus. Ihren größten Erfolg erzielte die Firma jedoch in den 30er Jahren mit dem Erwerb der Exklusivrechte für **Shirley Temple**-Papierpuppen. Saalfield bot u.a. folgende Stoffpuppen an:

Aunt Dinah ((1908)
Baby Blue Eyes (1909)
Delft Girl (1918)
Dolly Dear (1918)
Dottie Dimple (1909)
Fritz (1914)
Goldenlocks (1909)
Little Red Riding Hood (1908)
Papoose (1908)
Santa Claus (1908)

Arthur Sadin

Paris

1916 Eintragung der Schutzmarke **Favori-Bébé**.

FAVORI = BÉBÉ

Louis Sametz

New York City

1918–24 Herstellung von Zelluloidpuppen. Die **Indianerkopf**-Marke erschien als Relief auf dem Puppenrücken. Auch Herstellung von **Kewpies** und **Bye Lo Babys** aus Zelluloid.

Samstag & Hilder Brothers

New York City

Samstag & Hilder produzierte und importierte von 1894 bis 1920 Puppen und unterhielt in ganz Amerika und in Europa Zweigbetriebe. Die Firma verkaufte Puppen führender deutscher Hersteller, darunter Gebrüder Heubach und Steiff. Edmund Steiner leitete Samstags Puppenabteilung nach seinem Weggang von Strobel & Wilken um 1903. Er produzierte für seinen neuen Dienstherrn zahlreiche Puppen, darunter **Human Face Doll, Liliput** und **Majestic**. Von der Firma u.a. vertrieben:

Baby Cuddles (1920)
Colonial Doll (1905)
Colonial Quality Dolls (1920)
Daisy (1905)
Double Face Dolls (1912)
Duchess (1903)
Featherweight Babies (1913)
Goggle Eye Dolls (1912)
Hug Me Kiddies (1912)
Hooligans (1908)
Katzenjammer (1908)
My Little Beauty (1903)
Our Daisy (1903)
Parcel Post Babies (1913)
Peter Pan Play Dolls (1907)
Royal (1903)
Whistling Jim (1914)

William Web Sanders

Chateaudun, Frankreich

1927 Eintrag einer Schutzmarke für Puppen.

Santy

London

Die außerordentlich seltenen gemarkten Puppen dieser Firma haben wachsüberzogene Composition-Köpfe und Stoffkörper.

Johannes Sauerteig

Sonneberg

Gegründet 1864; Herstellung von Sprechpuppen, Gelenkpuppen und Puppenkörpern von ca. 1879 bis ca. 1924.

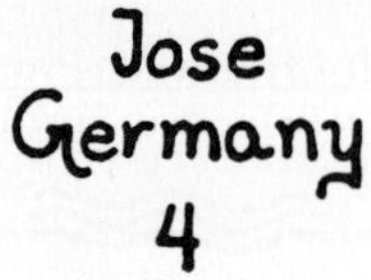

Enrico Scavini

(siehe Lenci)

Otto Schamberger

Sonneberg

Verwendete die von ca. 1923 bis 1925 die Marke **Adlon** für Puppen. Bezog vermutlich Köpfe von anderen Firmen.

Max Friedrich Schelhorn

Sonneberg

1907 bis um 1925 Herstellung von Puppen und -teilen. Verwendete Bezeichnungen u.a.: **The Base Ball Fan** (1914), **Fluffy Ruffles** (1907), **Little Snookums** (1910), **Muffles** (1910), **The Newlywed's Baby** (1910) und **Peter Pan Playtoys** (1907). Die Marke basiert auf einem 1908 eingetragenen Warenzeichen.

August Schellhorn

Sonneberg

Gegründet 1887; bis mindestens 1932 Herstellung von Puppen.

Peter Scherf

Sonneberg

Gegründet 1879; Herstellung von Gußwachs-Puppen, später von Biskuitkopf-Puppen (einige Köpfe von Armand Marseille). Nach der Jahrhundertwende Export zahlreicher Billigpuppen nach USA, darunter auch Charakterpuppen. 1916 Eintragung der Schutzmarke **The Fairy Kid**.

Germany
P. Sch. 1901·2

Scheyer & Co.

Nürnberg, Sonneberg und Olbernhau

Eintragung der Schutzmarken **Floresta** (1920) und **Mafuka** (1925) für Puppen.

F. M. Schilling

Sonneberg

Gegründet 1871; produzierte bis in die 20er Jahre Papiermachee-, Gummi-, Composition- und Wachspuppen. 1878 Eintragung der Schutzmarke **Biskuit-Facon** für ein spezielles dauerhaftes Papiermachee-Material; im Jahr darauf Eintragung der **Engel**-Marke.

Titus Schindel & Co.

(siehe Wiesenthal, Schindel & Kallenberg)

Mme. Jeanne Schlisler

Paris

1924 Eintragung der Schutzmarkc **Ti-Koun** für Puppen.

TI-KOUN

Albert Schlopsnies

(siehe Bing Künstlerpuppen- und Stoffspielwarengesellschaft)

Bruno Schmidt

Waltershausen

Die 1900 gegründete Firma Bruno Schmidt produzierte Puppen und Babys aus Zelluloid und Holz. Die **Herz**-Marke mit den Initialen **BSW** wurde 1904 eingetragen, das Herz allein 1908. Schmidt bot zu Anfang des Jahrhunderts zahlreiche Charakterbabys an, viele davon mit Biskuitköpfen, die ausschließlich von Bähr & Pröschild bezogen wurden. 1918 kaufte Schmidt diese Fabrik auf. [Ab 1910 wurde **Mein Goldherz** als Schutzmarke für Charakterbabys verwendet.] Aufgrund der engen Verbindung der beiden Firmen tragen Biskuitköpfe von Bähr & Pröschild häufig beide Firmenmarken (Herz und **gekreuzte Schwerter**) und auch zweierlei Formennummern. Dreistellige Ziffern gehören zu Bähr & Pröschild, vierstellige zu Schmidt. Aus der Produktion von Bruno Schmidt bekannte Formennummern sind u.a.: 2023, 2025, 2048, 2068, 2070, 2074, 2075, 2081, 2084, 2085, 2092, 2094, 2095, 2096, 2097, 2098 und 2154. Nach 1919 in der Firma Schmidt hergestellte Zelluloidköpfe tragen die Buchstaben S oder G und die Herzmarke.

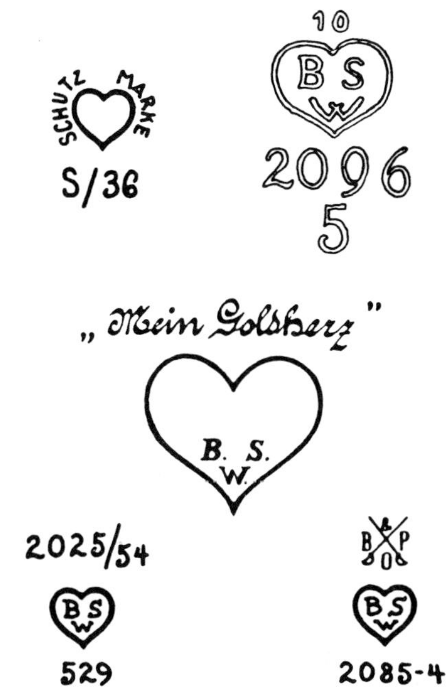

Franz Schmidt & Co.

Georgenthal

Franz Schmidt gründete 1890 seine Puppenfabrik und lieferte bald zahlreiche Puppentypen in Holz, Leder, Composition und Biskuit. (Alle Biskuitköpfe wurden von Simon & Halbig nach Schmidts Entwürfen gefertigt.) Schmidt hatte einen Ruf als Neuerer, und auf ihn geht eine Reihe Erfindungen und Verbesserungen an der Charakterpuppe zurück, so z.B. Schlafaugen, ausgeformte Nasenlöcher (1912) und bewegliche Zunge (1913). Die Firma Schmidt ließ mehrere Schutzmarken eintragen, u.a. **FS & C** über einer Puppe auf **gekreuzten Hämmern** (1902) und **Cellobrin** (1909), letzteres für Puppenköpfe und andere Teile aus einem Spezialmaterial eigener Herstellung. Die Marke **S & C** war vor 1902 in Gebrauch, und die **Amboß**-Marke wurde vor 1900 verwendet. Die drei abgebileten Kreismarken wurden auf den Puppenkörper gestempelt.

Für Schmidt-Köpfe wurden u.a. folgende Form-Nummern verwendet: 269, 293, 927, 1180, 1250, 1253, 1259, 1262, 1263, 1266, 1267, 1270, 1271, 1272, 1274, 1293, 1295, 1296, 1297, 1298, 1299, 1310 und 1409. Biskuitköpfe von Simon & Halbig für Schmidt tragen die Form-Nummern 1180, 1293, 1295–1299 und 1310. Das kleine **Z**, das neben Form- und Größenziffer erscheint, bedeutet «Zentimeter». Die Firma Franz Schmidt stellte noch bis 1945 Puppen her.

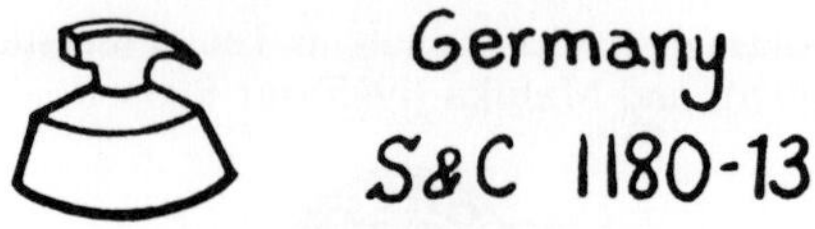

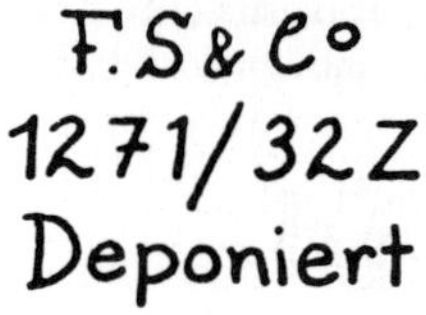

Paul Schmidt

Sonneberg

Bot 1922 Puppen und Spielwaren der Marke **PESO** an; im selben Jahr Eintragung der runden **PSSTh**-Marke und im Jahr darauf der einfacheren **PS**-Marke.

Schmitt & Fils

Paris

1879–1890 Produktion des **Bébé Schmidt**, eines «unzerstörbaren» Babys mit Gelenken und Biskuitkopf. Man beachte die Ähnlichkeit der **gekreuzten Hämmer**, die Schmitt auf Köpfen und Körpern verwendete, mit der Marke von Franz Schmidt von 1902.

P. H. Schmitz

Paris

Schmitz, Hersteller von Puppen und Bébés, trat 1903, nach zehn Jahren Selbständigkeit dem S.F.B.J. bei. Der erste Eintrag seiner Schutzmarke **Bébé Moderne** erfolgte 1893, die Erneuerung durch S.F.B.J. 1903.

Heinrich Schmuckler

Liegnitz

Die 1882 gegründete Firma produzierte bis um 1928 Woll-, Zelluloid- und Gummipuppen. Die Schutzmarke **Hesli** für bekleidete Puppen wurde 1921 eingetragen. [Schmucklers Fabrik war die Erste Schlesische Puppenfabrik; die Hesli-Schutzmarke setzt sich jedoch ganz offensichtlich aus den Anfangsbuchstaben von **He**inrich **S**chmuckler, **Li**egnitz zusammen.]

Schneider

Paris

1858–1896 Herstellung von Gelenkpuppen, Stoff- und Ziegenlederkörpern, auch mit Biskuitkopf. 1888, drei Jahre nach Änderung des Firmennamens von Schneider in Schneider Fils, Eintragung der Schutzmarke S.F.

Carl Schneider Erben

Gräfenthal

Die im Jahre 1861 als Unger, Schneider & Hutschenreuther gegründete Porzellanfabrik nannte sich ab 1886 Carl Schneider Erben. Die 1894 eingetragene Schutzmarke fand auf Badepuppen Verwendung. Die Porzellanfabrik arbeitete noch bis in die 60er Jahre.

Robert Schneider

Coburg

1924 Eintrag der Schutzmarke **Roschco**.

Schoen & Yondorf

New York City

Ca. 1900 bis ca. 1925 Herstellung verschiedener Composition- und Stoffpuppen, darunter **Creeping Baby** (1925), **Dancing Katharina** (1925), **Hell'n Maria (Miss Helen Maria** (1924), **Mistah Sunshine** (1923), **My Bunny Boy** (1923), **Our Gang dolls** (1925), **Teddy in Boots** (1923). Sie alle wurden unter dem Handelsnamen **Sayco** angeboten.

Arthur Schoenau

Sonneberg

Arthur Schoenau kaufte 1884 eine bereits bestehende Puppenfabrik in Sonneberg und gründete 1901 in Burggrub eine Porzellanfabrik (siehe Schoenau & Hoffmeister). In ihrer Anfangszeit bezog die Sonneberger Fabrik Biskuitköpfe von Simon & Halbig, Gebrüder Kuhnlenz, Th. Recknagel, Bähr & Pröschild und anderen deutschen Herstellern. Später wurden die Köpfe von der Fabrik in Burggrub geliefert; daher sind die Marken von Schoenau und Schoenau & Hoffmeister oft ähnlich oder sogar gleich, was die eindeutige Identifizierung erschwert. Die einzigen Marken, die definitiv Schoenau in Sonneberg (und nicht in Burggrub) zuzuschreiben sind, sind die Initialen des Gründers AS bzw. ASS. Zu den Gelenkpuppen und Babys von Schoenau gehören **Bébé Carmencita** (1913), **Carmencita** (1912), **Hanna** (1910), **My Cherub** (1912), **Princess Elizabeth** (um 1937) und **Prinzessin Wunderhold** (1912). [Das **M.B.** in der gezeigten Marke ist aus dem ersten und letzten Buchstaben von Mein Cherub gebildet.]

Schoenau & Hoffmeister

Burggrub

Die 1901 von Arthur Schoenau und seinem Compagnon Carl Hoffmeister gegründete Porzellanfabrik lieferte Biskuitköpfe an Schoenaus Sonneberger Fabrik und andere Firmen, wie Canzler & Hoffmann, Cuno & Otto Dressel und Ernst Maar. Wegen der engen Verbindung der beiden Schoenau-Fabriken sind viele ihrer Marken ähnlich, und auch die Bezeichnungen überschneiden sich. Mit **Das lachende Baby, Hanna, Künstlerkopf, My Cherub, Princess Elizabeth** und **Viola** gemarkte Köpfe sind als Schoenau & Hoffmeister identifiziert. Darüber hinaus verwendete die Firma vor 1930 die folgenden Form-Nummern (in Verbindung mit **SHPB** und einem **fünfzackigen Stern**): 900, 914, 1400, 1800, 1904, 1906, 1909, 1930, 2500, 4000, 4001, 4500, 4600, 4700, 4900, 5000, 5300, 5500, 5700 und 5800. Nach 1930 hergestellte Puppen waren mit **Porzellanfabrik Burggrub**, der Nummer 169 bzw. 170 und manchmal dem Wort **Spezial** gemarkt. Außer den Buchstaben SHPB wurde unter anderem verwendet: **DALABA** (für Das lachende Baby), **MB** (My Cherub) und **NKB** bzw. **WSB** (mit Stern und SHPB am Kopf eines Charakterbabys vorgefunden). Die Firma Schoenau & Hoffmeister produzierte bis um 1953 Puppenköpfe.

A. Schoenhut & Co.

Philadelphia

Albert Schoenhut stammte von deutschen Holzschnitzern ab und wanderte mit 17 Jahren nach USA aus. Nach fünf Jahren (um 1872) gründete er bereits eine eigene Firma. Während der ersten Jahrzehnte produzierte er hauptsächlich Musikspielwaren (u.a. die ersten Spielzeugklaviere), nahm aber kurz nach der Jahrhundertwende auch die Herstellung von Holzpuppen auf. 1903 ließ die Firma die ersten Figuren aus dem **Humpty Dumpty Circus** patentieren, einem Sortiment von Zirkusleuten, wie Löwenbändiger, Zirkusdirektor und Akrobatin. Die Puppen waren bis auf Kleidung und Bemalung identisch. Bis 1924 stellte Schoenhut Gelenkpuppen und Sitzbabys her, alle aus Holz. 1924 führte die Firma Puppen mit Stoffkörper und Holzkopf ein und und verwendete ab 1928 für einige Puppen auch Composition.

Die abgebildete Kreismarke wurde am Hinterkopf der Puppen eingeritzt oder als Aufkleber verwendet; die größere Ellipsenmarke diente als Körpermarke. In einigen Fällen brachte die Firma folgende Körpermarkung an: **SCHOENHUT DOLL // PAT. JAN 17. '11, U.S.A. // & FOREIGN COUNTRIES.** Das Sortiment **All Wood Perfection Art Dolls** kam 1911 heraus. Jede Puppe trug eine runde Ansteckmarke aus Blech in Schildform mit der Inschrift **SCHOENHUT // ALL WOOD // PERFECTION ART DOLL** und der Umschrift **MADE IN U.S.A. STRONG, DURABLE AND UNBREAKABLE.** 1913 führte Schoenhut ein Sortiment unter der Bezeichnung **Baby's Head** ein; ein späteres Sortiment hieß **Miss Dolly Schoenhut** (1915). 1925 stellte die Firma einige wenige Puppenkinder aus Holz ähnlich dem populären **Bye-Lo** her. Während der Wirtschaftskrise ging Schoenhut in Konkurs.

Schoenhut verwendete vor 1911 für einzelne Puppen u.a. folgende Bezeichnungen (nach 1911 wurden nur noch Bestellnummern verwendet, die jedoch nicht auf den Puppen erscheinen):

Chinaman Acrobat (1906)
Clown (1903))
Farmer (1908)
Gent Acrobat (um 1905)
Hobo (um 1904)
Milk Maid (1908)
Mr. Common People (1911)
Miss Dolly Schoenhut (1915)
Moritz (1907)
Negro Dude (um 1904)
Ring Master (um 1905)
Schnickel-Fritz (1911)
Teddy Roosevelt (um 1909)
Tootsie-Wootsie (1911)

Schreyer & Co.
Nürnberg

Die 1923 gegründete Firma stellte Charakterpuppen aus Stoff her, die in USA von Borgfeldt und Louis Wolf vertrieben wurden. Schutzmarke: **Schuco**.

Schützmeister & Quendt
Boilstädt

Die 1889 gegründete Porzellanfabrik produzierte Biskuitpuppen und -köpfe, Gelenkpuppen und Stoffpuppen. Nach 1918 wurden Köpfe nur noch für Kämmer & Reinhardt und Welsch & Co. hergestellt, die damals einer Dachgesellschaft Concentra angehörten, der auch die Firma Schützmeister & Quendt beitrat. Die verschlungenen Initialen **SQ** sind zusammen mit einer Form-Nummer in die Köpfe geritzt. Bekannte Form-Nummern sind u.a. 101, 102, 201, 204, 252, 300, 301 und 1376. Die Firma produzierte noch bis um 1930 Teepüppchen, Porzellanpuppen und Puppenköpfe.

Sig. Schwartz Co.
New York City

1917-1922 Puppenherstellung. Verwendete Bezeichnungen: **Joy Toies** (1920), **Tynie-Tots** (1917) und **Water Babies** (1919).

Sigismund Schwerin
Breslau

Gegründet 1844; Eintragung von **SSN** (1923) und **Hedi** (1924) als Schutzmarken.

Seamless Toy Corp.
New York City

Gegründet 1918; Herstellung von Puppen aus Holzfaser-Composition. Bezeichnungen u.a.: **American Beauty** (1919), **Kutie Kid** (1920), **Pretty Polly** (1919) und **Willie Walker** (1920).

Sears Roebuck & Co.
Chicago

Das berühmte Versandhaus wurde 1888 gegründet und importierte und vertrieb Puppen, darunter einige Sortimente exklusiv. Folgende Marken wurden u.a. verwendet:

American Maid (1910)
Baby Ruth (1914)
Baby Sunshine (1925 – siehe Abb.)
Dainty Dorothy (1925 – siehe Abb.)
Feather Light Brand (um 1914)
Knockout Grade (1893)
Pansy Kid (1914 – siehe Abb.)
Playmates (1922)
Sunshine (1913)
Violet (1910)
Wearwell Brand (1922)

PANSY
IV
Germany

Eugène Sedard

Sceaux, Frankreich

1919 Herstellung von Holzpuppen.

Seigenberg & Sher

Los Angeles

1923 Eintragung einer Schutzmarke für Puppen, die für ein gedrucktes Etikett vorgesehen war.

Selchow & Righter

New York City

Von 1883 bis 1923 vertrieb dieser Händler Puppen verschiedener Firmen, darunter Arnold Print Works und Art Fabric Mills, die er 1911 übernahm. Während der 20er Jahre bot die Firma importierte Puppen an und verwendete ungefähr ab 1920 die Initialen **S & R**.

Seligman & Braun

Hoboken, New Jersey

1911–1913 stellte die Firma unzerbrechliche Puppen und Stoffpuppen mit Sprechstimme her. Bezeichnungen u.a.: **Bridget** (1911), **Gloom** (1912), **Joy** (1911), **Mike** (1911), **School Boy** (1911) und **School Girl** (1911).

Seligmann & Mayer

Sonneberg

1930 Eintragung der Schutzmarke **Mi Encanto** für Puppen.

Seyfarth & Reinhardt

Waltershausen

Die Firma Seyfarth & Reinhardt entstand 1922 und ließ in den ersten Jahren **Elfe** und **My Fairy** als Schutzmarken eintragen. 1923 wurde **SUR** eingetragen. Die Firma stellte bis in die 30er Jahre Gelenkpuppen, Sitzbabys und Puppenteile her. Wie die abgebildete Marke zeigt, verwendete sie für einige ihrer Puppen Biskuitköpfe von Ernst Heubach.

Elsie Shaver

New York City

1919 Eintragung der Schutzmarke **Little Shavers** für Stoffpuppen. Sie wurde als gedrucktes Etikett an den Puppen angebracht. Eine weitere, ebenfalls 1919 eingetragene Marke, **Olie-ke-Wob**, war als Stempel auf der Verpackung vorgesehen.

Lita and Bessie Shinn

Muskogee, Oklahoma

Stellten 1916–1920 handbemalte, wattegefüllte Stoffpuppen her. Die abgebildete Marke findet sich mitunter auf der Fußsohle.

Shulman & Sons

New York City

1906–1924 Import und Vertrieb von Gummi- und Biskuitkopf-Puppen. Außer der abgebildeten Marke wurde der Werbespruch **The House of Service** verwendet.

Simon & Halbig

Gräfenhain

Nach Armand Marseille war die Firma Simon & Halbig der zweitgrößte Puppenkopf-Hersteller Deutschlands. Die Firma begann 1869 als Porzellanfabrik, da aber ihr Mitbegründer Wilhelm Simon auch Spielzeughersteller war und Puppen produzierte, profitierte die neue Firma von dem wachsenden Bedarf an Biskuitköpfen und stellte Puppenköpfe für den eigenen Bedarf und für andere Firmen her. Daher gehören Schulterköpfe von Simon & Halbig für den Sammler zu den frühesten verfügbaren Biskuit-Objekten mit Marke. Eine präzise Datierung ist dennoch schwierig, da viele Formen während ihres «Lebenslaufs» mit ein und derselben Nummer jahrzehntelang in verschiedenen Größen hergestellt wurden und manchmal sowohl für Puppen von Simon & Halbig als auch für andere Fabriken eingesetzt wurden.

Ab 1902 produzierte Simon & Halbig für zahlreiche europäische Hersteller Biskuitköpfe und lieferte alle Biskuitköpfe für Kämmer & Reinhardt. Sicherlich führte diese Abhängigkeit 1920 zur Übernahme von S & H durch K & R. Zu den vielen anderen Firmen, die von Simon & Halbig Köpfe bezogen, gehören u.a. C. M. Bergmann, Carl Bergner, Cuno & Otto Dressel, R. Eekhoff, Fleischmann & Bloedel, Hamburger & Co., Heinrich Handwerck, Adolf Hülss, Jumeau, Louis Lindner, Roullet & Decamps, Franz Schmidt, S.F.B.J., Carl Trautmann, Welsch & Co., Hugo Wiegand, Wiesenthal Schindel & Kallenberg und Adolf Wislizenus. Ausschließlich für diese Firmen reservierte Formennummern sowie Handelsnamen, die zuweilen Teil der Markung bildeten, können unter den jeweiligen Firmen nachgeschlagen werden.

Von den abgebildeten Marken ist der **sitzende Chinese** die älteste; sie wurde 1875 als Schutzmarke für Verpackungen eingetragen. Der Zusatz **DEP** in der Marke zeigt an, daß die Puppe nach 1887 hergestellt wurde. 1905 taucht erstmals die bekannte **S&H**-Marke mit dem &-Zeichen auf; **SH**-Marken ohne &-Zeichen sind demnach auf die Zeit vor 1905 zu datieren. Nach 1930 verwendete Simon & Halbigs Nachfolger, das Keramische Werk Gräfenhain, die Marke **KWG**.

Formnummer und Marke der Gräfenhainer Fabrik können normalerweise an drei Stellen erscheinen: am Hinterkopf, auf der Rückseite der Schulterplatte oder der Vorderseite der Schulterplatte. Für ihre eigenen Puppen verwendete die Firma u.a. folgende Formen-Nummern: 120, 122P, 150, 151, 152, 153, 170 – 175, 305, 332 – 344, 351 – 370, 415 – 435, 500, 516, 530, 540, 550, 570, 600, 607, 610, 611, 616, 620, 693, 719, 720, 728, 729, 738, 739, 740, 748, 749, 750, 758, 759, 768, 769, 778, 837, 845, 846, 847, 848, 852, 878, 880, 881, 886, 887, 890, 896, 898, 899, 905, 908, 909, 918, 919, 920, 921, 927, 929, 939, 940, 941, 949, 950, 959, 968, 969, 970, 979, 989, 1000, 1008, 1009, 1010, 1018, 1019, 1029, 1038, 1039, 1040, 1041, 1049, 1058, 1059, 1060, 1061, 1068, 1069, 1078, 1079, 1080, 1098, 1099, 1108, 1109, 1129, 1139, 1148, 1150, 1158, 1159, 1160, 1170, 1180, 1199, 1246, 1248, 1249, 1250, 1260, 1269, 1278, 1279, 1280, 1289, 1294, 1300 – 1305, 1307, 1308, 1329, 1340, 1358, 1368, 1370, 1388, 1397, 1398, 1426, 1428, 1448, 1465, 1478, 1485, 1488, 1489, 1496, 1498, 1527, 1616, 1748 und 1916.

Es wurden hier nur solche Formen-Nummern aufgeführt, deren Verwendung durch Simon & Halbig einwandfrei feststeht. Jürgen und Marianne Cieslik haben in ihrer *Deutschen Puppen-Enzyklopädie* dankenswerterweise das Numerierungssystem von Simon & Halbig erhellt. Sie wiesen nach, daß einige Nummernserien mit der Endziffer 8 beginnend und dann in numerischer Reihenfolge fortfahrend unterschiedliche Versionen ein und derselben Form bezeichnen. So findet man auf dem beliebtesten Typ von S&H, einer Puppe mit typischem Puppengesicht, die Nummern 1078 (höchstwahrscheinlich die Ur- oder Probefassung), 1079 (Kurbelkopf) und 1080 (Schulterkopf); vermutlich wurde auch ein Kurbelbrustkopf (1081) hergestellt. Einige Nummernserien waren wohl speziellen Puppentypen vorbehalten: Die 400er Serie wurde für Porzellanfiguren verwendet und die 800er Serie für kleine Ganzbiskuit- und Badepüppchen.

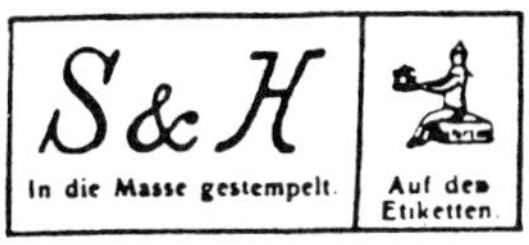

F. Simonne

Paris

Die türkisfarbene Marke Simonnes, 1863 bis 1878 Hersteller von Puppen mit Ziegenlederkörper, findet sich auf dem Bauch einiger Puppen.

Edward Smith

London

In den 1880er Jahren Verkauf von Wachspuppen; Körpermarkung.

Ella Smith

Roanoake, Alabama

1904–1924 Herstellung der **Alabama Indestructible Doll**, einer bekleideten Puppe (als Farbige oder Weiße lieferbar). Die Marke befindet sich auf dem Körper.

PAT. NOV.9,1912

NO.2

ELLA SMITH DOLL CO.

Samson Smith

Longton, England

Ab 1846 Herstellung von Porzellanpuppen; vor 1856 mit zwei **verschlungenen S**, danach bis gut nach 1900 zusätzlich mit **Ltd.** gemarkt.

Société Anonyme

Paris

Société Anonyme de Comptoir Générale de la Bimbeloterie

Paris

Die Namensgleichheit und die mehr oder weniger gleichzeitige Tätigkeit der beiden Firmen lassen den, allerdings nicht beweisbaren, Schluß zu, daß es sich um ein und denselben Betrieb handelt. Die eine Société Anonyme ließ um 1910 die Marken **La Parisienne** und **Eureka** eintragen, die andere 1905 mehrere **Parisiana**-Marken (Abb.).

Poupée Parisiana

Bébé Parisiana

Poupon Parisiana

Société au Bébé Rose

Paris

1910 Eintragung der Schutzmarke **Au Bébé Rose** für Puppen. Die Marke sollte in lila Farbe gedruckt werden.

Société Binder & Cie.

Paris

1918 Eintragung der Schutzmarke **B.K.** für Stoffpuppen. (Die Firma ist auch als Binder & Cie. bekannt.)

Société Française de Fabrication de Bébés et Jouets (S.F.B.J.)

Paris und Montreuil-sous-Bois

1899 unterzeichnete ein Großteil der französischen Firmen einen Vertrag zur Gründung eines Syndikats, da sie anders der Produktions- und Qualitätssteigerung deutscher Puppenhersteller nicht begegnen konnten. Gründungsmitglieder waren Bru, Fleischmann & Bloedel, Jumeau und Rabery & Delphieu. Wenige Jahre später kamen Ad. Bouchet und P. H. Schmitz hinzu und 1911 Danel & Cie. Das Syndikat verwendete deutsche Teile (u.a. Köpfe von Simon & Halbig, die 1900–1914 importiert wurden), stellte aber auch weiterhin Köpfe und Körper in französischen Fabriken her. Bei den meisten S.F.B.J.-Puppen handelt es sich um Bébés mit Biskuitkopf und Composition-Körper.

Obgleich die meisten der ursprünglichen französischen Firmen im Syndikat aufgingen, wurde die Produktion der zuvor eingeführten Puppen fortgesetzt, so daß noch 1921 Bébé Bru, Bébé Jumeau und Eden Bébé unter ihrem alten Namen verkauft wurden. Auch einige der früheren Marken, z.B. Jumeaus **Biene** wurden weiterverwendet (erneut eingetragen 1906). Schutzmarken der S.F.B.J. waren u.a.: **Bébé Français** (1911), **Bébé Jumeau** (1911), **Bébé Moderne** (1920), **Bébé Moderne le Séduisant** (1903), **Bébé Parfait** (1920), **Bébé Parisiana** (1920), **Bébé Prodige** (1911), **Bébé Triomphe** (1913), **Le Papillon** (1921), **Le Séduisant** (1920) und **Unis France** (1921). Die Schutzmarke **S.F.B.J** wurde 1905 eingetragen.

S.F.B.J
236
PARIS

DÉPOSÉ
S.F.B.J.

25
FRANCE
SFBJ
301
PARIS
8

FABRICATION FRANÇAISE
SFBJ
PARIS

PARIS
DÉPOSÉ

BÉBÉ MODERNE
LE SÉDUISANT

"BÉBÉ PARISIANA"

LE PAPILLON

EDEN-BÉBÉ

PARIS-BÉBÉ

UNIS
FRANCE
71 149
251

Société Industrielle de Celluloid
Paris

Ab 1902 Herstellung von Zelluloidpuppen aus **Sicoid** oder Sicoïne, einem Pyroxylin-Material. Ein Mitglied dieser Gesellschaft war der Herstellungsbetrieb Neumann & Marx (1906–1911) dessen Marke, ein **geflügelter Drache mit Schild**, darauf die Initialen **NM**, 1914 von ihr übernommen wurde. Die Société Industrielle de Celluloid stellte noch bis in die 20er Jahre Puppen und Babys her. Die **Sicoïne**-Marke liegt häufiger in Form eines Reliefs als einer Gravur vor.

FRANCE

FRANCE

SIC

Sicoïne
Sie A
FRANCE
2/0

Société La Parisienne
Paris

1911 Eintragung der abgebildeten Handelsnamen für Puppen:

BÉBÉ EUREKA

BÉBÉ FRANÇAIS

BÉBÉ JUMEAU

BÉBÉ LE RÊVE

BÉBÉ PRODIGE

PARADIS BÉBÉ

Société Nobel Française
Frankreich

Von diesem Zelluloidpuppen-Hersteller ist außer der 1939 erstmals eingetragenen Marke **SNF** in **Raute** und der Tatsache, daß diese auf dem Kopf wie auf dem Körper der Puppen eingeritzt war, wenig bekannt.

FRANCE

SNF

Société Ch. Ramel & Cie.
Paris

1916 Eintragung von zwei Schutzmarken für Papiermachee-Puppen.

J'HABILLE MES POUPÉES

J'HAB!LLE MES SOLDATS

Société René Schiller & Cie.
Paris

1918 Eintragung einer Schutzmarke für Puppen in traditionellen Elsässer und Lothringer Bauerntrachten.

YERRI et SUZEL

Société Steiner
(siehe Jules Nicholas Steiner)

Société Sussfeld & Cie.

Paris

Puppenhändler; 1917 Eintragung von zwei Schutzmarken.

Sonneberger Porzellanfabrik

Sonneberg

Die 1883 von Carl Müller gegründete Fabrik stellte von ca. 1893 bis 1913 Biskuitköpfe her.

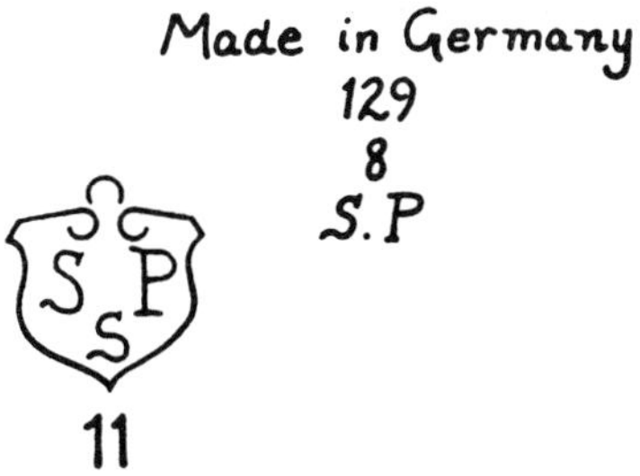

Mme. Yvonne Spaggiari

Paris

1927 Eintragung einer Schutzmarke für Puppen in Bauernkostümen.

LES ORIGINAUX
DE VOVONNE

Mylius Sperschneider

Sonneberg

Gegründet 1880; bis um 1927 Herstellung von Kugelgelenk- und Stoffpuppen. Die Schutzmarke **Marionette MSS** wurde 1921 eingetragen.

Max Spindler & Co.

Köppelsdorf und Sonneberg

Bot 1920 Biskuit-Puppenköpfe und bekleidete Puppen an.

Standard Doll Co.

New York City

1917 Puppenherstellung. Bezeichnungen: **Cadet, French Zouave, Miss America, Scotch Highlander** und **Uncle Sam**.

Karl Standfuß

Dresden

Stellte ca. 1898–1930 Puppen und Köpfe aus Zelluloid und Metall her. Die erstmals 1903 verwendete Schutzmarke **Juno** galt für Zelluloid- und Metallpuppen. 1913 führte Standfuß die Bezeichnung **Cupido** ein. 1926 zeigte die Firma an, daß sie der

Alleinhersteller von Zelluloid-**Kewpies** sei und daß sie auch **Bye-Los** aus Zelluloid anfertigte.

JUNO

GESCHSCH

Margarete Steiff

Giengen

M. Steiff gründete 1877 eine Fabrik für Filzkleidung und stellte ab 1893 Filzpuppen her. Die erste Schutzmarke, ein **Kamel**, wurde 1892 eingetragen, der **Elefant** 1905 (bereits seit 1898 verwendet) und die runde Marke **KNOPF im OHR** ebenfalls 1905. Sie wurde zwei Jahre später in Frankreich mit der Bezeichnung **Bouton dans l'oreille** (mit Katzenkopf) eingeführt. Der Name **Steiff** selbst wurde 1911 eingetragen. Steiff stellte 1903 unter der Marke **Petz**, die später auf **Teddy** geändert wurde, den ersten Teddybären her. Nach 1911 produzierte die Firma auch eine Anzahl Charakterpuppen, zum Teil nach Entwürfen von Albert Schlopsnies. Zu diesen gehörte eine Puppe namens **Aprico** (1921) die mit einem roten Armband mit der Aufschrift **Steiff- // Schlopsnies // Puppe** ausgeliefert wurde. Die meisten nach 1905 hergestellten Steiff-Puppen tragen im linken Ohr einen Metallknopf mit der Knopf-im-Ohr-Marke. Darüber hinaus sind sie überwiegend an ihren übergroßen Füßen kenntlich, auf denen sie frei stehen konnten, sowie an der Naht in der Gesichtsmitte. Die Firma Steiff stellt heute noch Puppen und Spielwaren her. Für Steiff Puppen wurden folgende Bezeichnungen verwendet:

Alida (1909)
Anthony (1909)
Aprico (1921)
Billy (1909)
Brownie Policeman (1905)
Hubertus (1909)
Kentucky Donkey (1905)
Olaf (1909)
Private Murphy (1909)
Private Sharkey (1909)
Sargent Kelly (1909)

KNOPF im OHR

„Steiff"

August Steiner

Köppelsdorf

Gegründet 1900; spezialisiert auf Composition-Köpfe. Bestand bis um 1930.

A.S
Germany
261/0

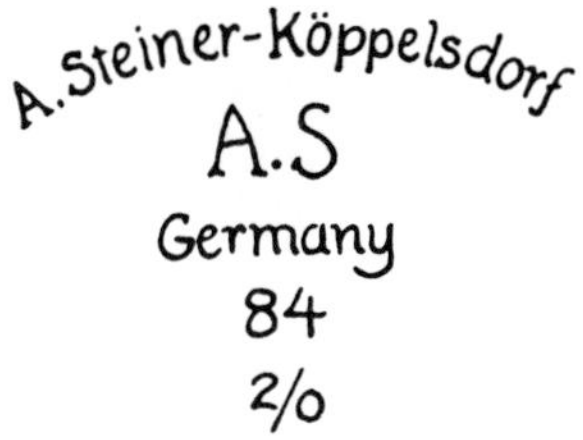

Edmund Ulrich Steiner

Sonneberg und
New York City

Der in Deutschland gebürtige Edmund Ulrich Steiner war von ca. 1875 bis 1920 eng mit der Puppenindustrie in seinem Geburtsland und in den Vereinigten Staaten verbunden. Er war für zahlreiche Firmen tätig, unter ihnen Louis Wolf, Samstag & Hilder und Strobel & Wilken, und ließ mehrere Gebrauchsmuster für Puppen eintragen, unter anderem eine Laufpuppe **Majestic** und eine weitere Puppe **Liliput**, deren Schutzmarke er 1902 registrieren ließ, obwohl er die Puppe bereits acht Jahre zuvor eingeführt hatte. **Daisy** wurde 1903 in Deutschland und zwei Jahre danach durch Samstag & Hilder in den USA eingetragen. Steiners Entwürfe dürften von mehreren Firmen ausgeführt worden sein, unter anderem auch von Armand Marseille, wie die Marke **Majestic A 8/0 M Made in Germany** zeigt. Steiners Initialen in der Raute tauchen auf einer Puppe aus der Zeit um 1900 auf.

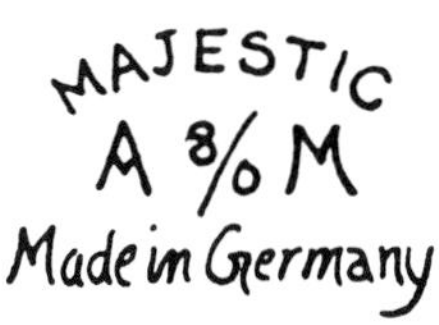

Hermann Steiner

Neustadt

Die 1920 gegründete Porzellanfabrik produzierte Köpfe und Charakterbabys aus Biskuit und später aus Composition und wurde wohl hauptsächlich wegen ihrer verrückten Googlies bekannt – Puppen mit Schielaugen, die zu Anfang des 20. Jahrhunderts sehr beliebt waren. Die Schutzmarke **My Pearl** wurde 1921 eingetragen. Steiner fertigte Köpfe auch für andere deutsche Firmen, darunter M. Kohnstamm & Co; die typischen verschlungenen Steiner-Initialen tauchen als Kopfmarke einer späten Version von Kohnstamms **Moko** auf. Steiner verwendete u.a. folgende Formennummern: 128, 133, 134, 223, 240, 242, 245, 246, 247, 395, 401, 1000.

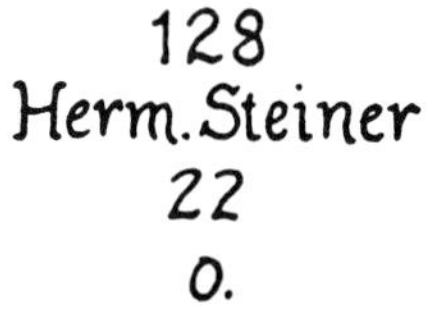

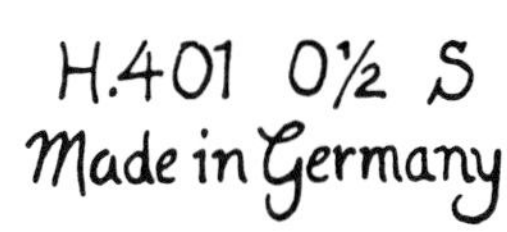

Jules Nicholas Steiner

Paris

Die 1885 gegründete Firma (auch Société Steiner genannt) spezialisierte sich auf mechanische Bébés, die laufen und sprechen konnten, und behauptete, das Bébé erfunden zu haben. So zweifelhaft dieser Anspruch ist, fest steht, daß nicht nur zahlreiche frühe Bébés von Steiner stammen, sondern auch einige der hübschesten. 1892 folgte auf den Firmengründer J. Steiner A. Lafosse, und diesem wiederum 1902 Jules Mettais und 1906 E. Daspres. Aufgrund des häufigen Besitzerwechsels variieren die Firmenmarken stark. Laufpuppen sind auf dem Mechanismus gemarkt; einige Puppenköpfe sind mit **J. Steiner** oder kurz **Ste** gemarkt. Die Marke mit der **fahnenschwingenden Puppe** wurde 1889 eingetragen und diente als Etikett auf dem Körper; **Bébé «Le Parisien»** erscheint ab 1892 als Körperstempel. Die **Öllampe** verwendete Jules Mettais ab 1902. Einige Steiner-Puppen sind zusätzlich zum Firmennamen mit **Bourgoin** gemarkt, dessen Bedeutung unbekannt ist. Steiner dürfte anstelle von Ziffern Buchstaben zur Kennzeichnung von Formen verwendet haben; es sind Puppen mit den Buchstaben **A, C, D** und **FA** neben der Steiner-Marke bekannt. Von der Firma verwendete Bezeichnungen:

Baby (1899 – siehe Abb.)
Bébé Liège (1899 – siehe Abb.)
Bébé Marcheur (1890)
Bébé Model (1901)
Bébé Phénix (1895)
Bébé Premier Pas (1890)
La Patricienne (1908)
Le Parisien (1892 – siehe Abb.)
Le Phénix (1899)
Mascotte (1901)
Phénix Bébé (Phénix-Baby) (1899 – siehe Abb.)
Poupée Merveilleuse (1899 – siehe Abb.)

STEINER
.S.G.D.G.
PARIS
A 11

J. STEINER
STE S.G.D.G.
PARIS
FIRE A15

BÉBÉ "LE PARISIEN"
Médaille d'Or
PARIS

BABY
BÉBÉ-LIÈGE
PHÉNIX-BABY
POUPÉE MERVEILLEUSE

Steinfeld Bros.

New York

1898–1917 Puppenimport und -fabrikation. Herstellung der **Racketty Packetty Kiddies** (1913), eines Sortiments unzerbrechlicher Charakterpuppen nach Figuren aus dem gleichnamigen Buch von Frances Hodgson Burnett. Der Entwurf stammte von Maurice F. Oppenheimer.

A. Steinhardt & Bros.

New York City

1910–1912 des **Neverbreak**-Sortiments von Charakterpuppen aus Composition. Dazu gehören:

Bess (1910)
Buttons (1911)
Columbine (1911)
Dutch-He und **Dutch-She** (1911)
Honey Boy (1910)
Jockey (1911)
Marceline (1911)
Mugsey (1911)
Pierrot (1911)
Smiling Sue (1910)
Teddy Jr. (1910)
Twee Deedle (1911)
Wilhewin (1911)

Teddy Jr. und Smiling Sue trugen über der Brust Bändchen mit ihren Namen.)

Abbie B. Stevens

Atlanta, Georgia

1919 Eintrag der Schutzmarke für Puppen.

Gebrüder Stollwerch

Köln

1906 Eintrag der Schutzmarke für Puppen.

Strasburger, Pfeiffer & Co.

New York City

1851–81 importierte, produzierte und vertrieb die Firma Puppen, u.a. von der New York Rubber Company. Sie fertigte und/oder verkaufte verschiedene Puppen aus Gummi, Biskuit, Porzellan, Wachs, Ziegenleder und Stoff. Die als Etikett verwendete Schutzmarke wurde 1871 eingetragen, war jedoch schon zwei Jahre zuvor in Gebrauch.

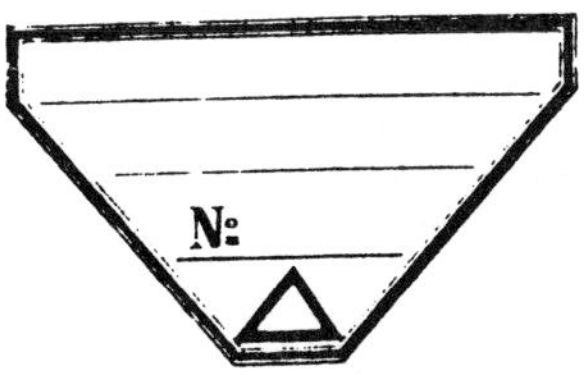

Josef Strasser

München

Um 1925 Herstellung von Künstlerpuppen.

Adolf Strauss & Co.

New York City

Die 1857 gegründete Firma Adolph Strauss & Co. dürfte erst 1912 den Import und Vertrieb von Puppen begonnen haben. Anfangs verwendete sie die Marke **Asco** und den Werbespruch **The House of Service**. 1923 wurde der Firma in Strauss-Eckardt Company und die Marke in **Seco** umbenannt, der Werbespruch wurde entsprechend geändert, die Ellipsenmarke blieb jedoch im Prinzip gleich. (Die Schutzmarke Seco wurde 1937 erneuert.) Strauss verkaufte Mama-Puppen, **Kidoline**-Puppen und Charakterpuppen. 1922 wurde in USA **Our Pet** als Schutzmarke für die gleichnamige Puppe der Gebrüder Eckardt, Sonneberg, eingetragen (Max Eckhardt stand gerade im Begriff, Compagnon von Strauss zu werden; sein Bruder leitete die deutsche Firma). **Our Pet** hatte einen Biskuitkopf von Armand Marseille. Die Marke ist unter Gebrüder Eckardt abgebildet.

Strobel & Wilkin Co.

New York City und
Cincinnati, Ohio

Von 1849 bis zum Beginn des Bürgerkriegs produzierte die Firma Strobel & Wilken Lederwaren in Cincinnati. Nach Kriegsende wandte sie sich dem Import und Vertrieb von Puppen zu und verlegte 1886 ihren Hauptsitz nach New York. Bis zum Erscheinen von Ciesliks *Deutscher Puppen-Enzyklopädie* wurde ein Warenzeichen mit den verschlungenen Initialen **SW** fälschlich für die Puppenmarke dieser Firma gehalten. Die Schutzmarke von S & W wurde nur auf der Verpackung benutzt. Die auf Puppenköpfen zu findende, nahezu identische Marke gehört zu Walther & Sohn, Sonneberg (siehe dort). Strobel & Wilkins vertrieb Puppen aus der Produktion mehrerer deutscher und amerikanischer Firmen, darunter Kämmer & Reinhardt, Hertel, Schwab & Co. und Ideal Novelty and Toy Company. Angeboten wurden u.a. Puppen folgender Bezeichnungen:

Aluminia (1913)
American Beauty (1895)
American Fashion (1905)
Arabesque (1914)
Bertie (1911)
Boy Scout (1916)
Brighto (1914)
Buddy (1916)
Cuddlekins (1917)
Darling (1905)
Diabolo (1908)
Faith (1916)
Gertie (1911)
Hansel (1916)
Jimmy (1916)
Jubilee (1905)
Kanwashem (1905)
Liesel (1916)
Nemo (1914)

Our Pride Kidette (1914)
Peach (1914)
Royal Dolls (1903)
Snow White (1918)
Susie's Sister (1915)
Tootsie (1915)
Ulrich (1916)
Waldorf (1905)
Wonderland (1905)

Wilhelm Strunz

Nürnberg

Die 1902 gegründete Firma Strunz stellte Stoffpuppen und -tiere her. 1908 verklagte Margarete Steiff Strunz wegen Verletzung ihrer Schutzrechte an der Marke «Knopf im Ohr». Daraufhin stimmte Strunz einer Änderung seines Markenknopfs zu, nach der die Marke künftig mit einer Drahtklammer am Ohr befestigt, statt wie bei Steiff in das Ohr genietet wurde.

India King Stubbs

Monroe, Louisiana

1923 Eintragung der Schutzmarke **Actoe** für Puppen.

Gebrüder Süssenguth

Neustadt

Die 1894 gegründete Puppenfabrik spezialiserte sich auf Puppen aus leichten Stoffen,

Leder und Composition für den Export. Sie bezog Puppen auch von anderen deutschen Firmen wie Max Oscar Arnold, Cuno & Otto Dressel und Guttmann & Schiffnie. Die Schutzmarke wurde 1904 eingetragen; daneben verwendete die Firma die Abkürzung **GESUE** zur Markung von Kurbelköpfen.

Sussfeld & Cie.

(siehe Société Sussfeld & Cie.)

Swaine & Co.

Hüttensteinach

Die 1810 gegründete Porzellanfabrik stellte ab 1910 für kurze Zeit Charakterpuppen her. Bis zum Erscheinen von Cieslik's *Deutscher Puppen-Enzyklopädie* war die als grüner Stempel (zusammen mit **Geschützt Germany**, siehe Abb.) auftauchende Marke **S & Co** den Sammlern ein Rätsel. Außer mit dem Rundstempel waren Köpfe zuweilen auch mit eingeritzem **S & C** gemarkt; auch die Buchstaben **BP, DV, DI, DIP** und **FP** finden sich auf Swaine-Köpfen eingeritzt. Nach Cieslik ist jedoch eine eindeutige Zuordnung nur anhand des grünen Stempels möglich.

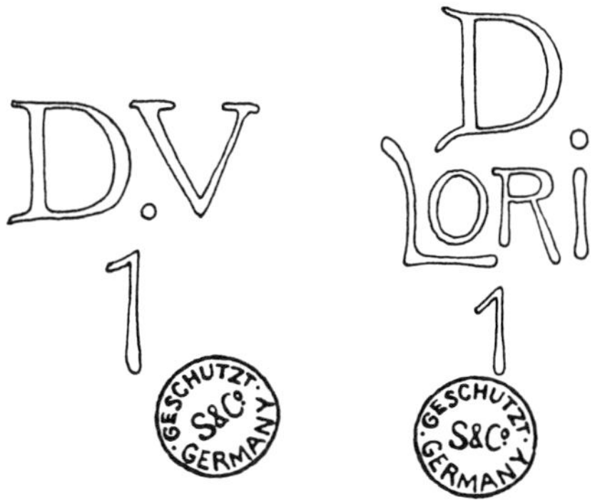

T

Taiyo Trading Co.

New York City und Toronto

Taiyo Trading enstand 1919 aus der Fusion zweier japanischer Importfirmen, Tajimi Company und Takito, Ogawa & Company. Dic neue Firma bot u.a. folgende Marken an: **Baby Lucy** (1919), **Geisha** (1920) und **Ming Toy** (1919). Sie spezialisierte sich auf den Import von Gelenkpuppen mit Biskuitkopf. Die Tajimi Company (1917–1918) verwendete die abgebildete Marke.

Terrène
Paris

Ca. 1867–1890 Herstellung von Puppen mit Biskuitkopf. Die Körper bestanden aus lederbezogenem Holz, Metall (Oberarme) und Biskuit (Unterarme und Hände). Die abgebildete Marke wurde als Etikett am Körper angebracht.

9 MÉDAILLES
aux Expositions 1867-68-72-73-74
J. TERRÈNE
10 Rue du Marché Sᵗ Honoré
PARIS

Sylvain Thalheimer & Cie.
Paris

1900 Eintragung der Schutzmarke **Bébé Tentation** für Puppen.

BÉBÉ TENTATION
MARQUE DÉPOSÉE
5, Place de la République
23, 25, 27, Passage Vendôme
Fabrication Supérieure
Complètement Articulé
• PARIS •

Alexandre Nicholas Théroude
Paris

Die alte Automatenfabrik Théroud produzierte von 1842 bis 1895 Lauf- und Sprechpuppen sowie normale Puppen mit Ziegenlederkörper.

A. THEROUDE
PARIS

Francis Thieck et Jean Born & Cie.
Paris

1923 Eintrag der Schutzmarke **Seraphin**.

SERAPHIN

Thomas R. Thompson
New Haven, Connecticut

1919 Eintragung der Schutzmarke für Holzpuppen.

TOTS-TOIE

Mademoiselle Valentine Thomson
Paris

1915 Eintragung der Schutzmarke **Pandore** für Puppen.

PANDORE

A. Thuillier
Paris

1875–1890 Bébés und Puppen mit Dolly-Gesicht auf Gelenkkörpern aus Holz, Leder oder Composition. Die abgebildete AT-Marke wird Thuillier zugeschrieben.

A8T

AT • N°8

Thüringer Puppen-Industrie
Waltershausen

1923 Eintragung der Schutzmarken **T.P.I**, **T.P.I.W.** und **Pola** für Gummi- und Gelenkpuppen.

T.P.I.
Waltershausen

Thüringer Puppen- und Spielwaren Export

Berlin

Eintragung der Schutzmarken **Primula** (1923) und **Lopto** (1924).

Thüringer Stoffpuppen-Fabrik

Bad Berka

1923 Eintragung der Schutzmarke **Weimarpuppen/Weimarpüppchen** für Stoffpuppen.

Tip Top Toy Co.

New York City

Die 1912 gegründete Fabrik produzierte Composition-Puppen und Billigartikel, wie z.B. **Kewpies**, die als Faschingspreise dienten (Lizenzgeber: Borgfeldt). Sie importierte Biskuitköpfe deutscher Firmen wie Kämmer & Reinhardt und Franz Schmidt. An Puppen wurden u.a. angeboten:

Atlantic City Belle (1919)
Bertie (1913)
Cherry Blossom (1919)
Cy from Siwash (1913)
Dottie Dimples (1913)
Georgiette (1919)
Gertie (1913)
Jim Thorpe (1913)
Little Boy Blue (1913)
Little Johnny Jones (1913)
Little Miss Sunshine (1913)
Maiden America (1918)
Miss Firefly (1913)
Miss Summertime (1919)
Mistress Mary (1913)
Paul (1912)
Prize Baby (1919)
Pudgie (1919)
Shimmy Dolls (1921)
Tip Top Baby (1919)
Tommie Jones (1913)
Virginia (1912)

Hiervon wurden nur **Paul** und **Virginia** – möglicherweise auch **Tip Top Baby** – von der Tip Top Toy Co. hergestellt. Alle anderen wurden von der Firma nur vertrieben.

Tourrel

(siehe Henri Alexandre und Jules Steiner)

The Toy Shop

New York City

Gegründet 1922. Herstellung von Puppen, u.a. **Aunt Jemima** (1923), **Jack & Jill** (1925), **Pickaninny Baby** (1925) und **U-Man Doll** (1923). Verwendete die verschlungenen Initialen TS als Marke.

Carl Trautmann

Finsterbergen

Die 1884 gegründete Firma Carl Trautmann stellte Kugelgelenkpuppen her und verwendete ausschließlich Biskuitköpfe von Simon & Halbig. Die Firma zog 1906 nach Catterfeld um und nannte sich von da ab Catterfelder Puppenfabrik (siehe dort).

S&H
C.T.
7

Trego Doll Manufacturing Co.

New York City

1918–1921 Puppenherstellung. 1919 Eintragung der Schutzmarke für Kugelgelenkpuppen; die Marke wurde als Etikett an der Puppe angebracht.

TREGO

Trion Toy Co.

Brooklyn, New York

1915–1921 Puppenherstellung. Die meisten Puppen mit Namen aus der ersten Zeit sind von Ernesto Peruggi entworfen. Es wurden u.a. folgende Bezeichnungen eingeführt:

Cheery (1916)
Chubby (1915)
Georgy-Porgy (1915)
Happy (1915)
Limber Lou (1921)
Little Rascal (1915)
My Belle Marianne (1919)
Pa-na-ma (1915 – Entwurf von Adolph Cohen)
Pettish Polly (1915)
Sanitrion (1916)
Smiles (1915)
Sunshine (1915)
Toodles (1915)

TRION TOY. CO INC.

Madame Triquet

Rouen, Frankreich

Verkaufte und reparierte um 1900 Puppen. Die gezeigte Marke erscheint auf Körpern.

SPÉCIALITÉ
D'ARTICLES POUR POUPÉES
Réparations
Mme Vve TRIQUET
4-6 Place des Carmes ROUEN

Tut Manufacturing Co.

Los Angeles

1923 Eintrag der Schutzmarke für Puppen.

TU-TANKH-AMEN
DOLLS

U

Henry Ulhenhuth & Cie.

Paris

1876–1890 Herstellung von Leder-, Biskuit- und Composition-Puppen. 1890 Marke **Bébé Merveilleux** für *bébés incassables*.

♣

Sigmund Ullmann

Sonneberg und
Nürnberg

1922–1926 Puppenexport. 1926 Eintragung der beiden **Sonnen**-Schutzmarken.

Uneeda Doll Co.

New York City

Die 1917 gegründete amerikanische Fabrik stellte zunächst waschbare Stoffpuppen her und nahm später Composition und Vinyl ins Sortiment. Die Firma existiert noch. Frühe Stücke aus ihrer Produktion waren am Kopf mit **UNEEDA DOLL** oder **UNEEDA** gemarkt. 1923 bot Uneeda ein Stoffpuppen-Sortiment der Marke **Cra-Doll** an, das im Jahr zuvor die Doll Craft Company eingeführt hatte. Die Puppe **Baby Betty** wurde 1924 angeboten.

Unger, Schneider und Hutschenreuther

(siehe Carl Schneider Erben)

United Porcelain Factory of Köppelsdorf

(siehe Ernst Heubach)

United States Rubber Co.

(siehe Mechanical Rubber Co.)

Utley Co.

Holyoke, Massachusetts

Die 1916 gegründete Firma Utley stellte Puppen aus Stoff und Papiermachee her, die unter den Marken **Fabco** (1917) und **Tuco** (1918) verkauft wurden. Nach 1917 wurden einige Puppen dieser Firma mit der Marke **Sanigenic** gestempelt. Die von Sammlern am höchsten geschätzten Utley-Puppen sind die von Gertrude Rollinson (1916) entworfenen; die Stoffpuppen tragen auf der Körpervorderseite einen Rautenstempel mit der Umschrift **Rollinson // Doll // Holyoke // Mass.** um eine sitzende Puppe. Utley-Puppen wurden von Strobel & Wilkin und Louis Wolf vertrieben.

V

Verdier & Gutmacher

Paris

1897–1902 Herstellung unzerbrechlicher Puppen und Köpfe aus besonders behandeltem Stoff. Ab 1899 nannte sich die Firma Verdier & Cie., behielt in der Marke aber die Initialen V.G. bei. Ebenfalls 1899 Eintragung der abgebildeten Schutzmarken.

BÉBÉ EXCELSIOR V.G.

BÉBÉ LE SELECT. V.G.
BÉBÉ MÉTROPOLE. V.G.
BÉBÉ MONOPOLE. V.G.

Gabrielle Verita

Paris

1915 Eintragung der Schutzmarke für Stoffpuppen.

POUPEES G MARQUE DEPOSEE V VERITÉ

J. Verlingue

Boulogne-sur-Mer und
Montreuil-sous-Bois, Frankreich

1915–1921 Herstellung von Biskuitköpfen und Badepuppen; in der Marke wurden die Initialen JV und ein **Anker** verwendet. Zwei Verlingue zugeschriebene Puppentypen sind mit **Liane** bzw. **Lutin** gemarkt.

PETITE FRANÇAISE
FRANCE
J V
3/0D
LIANE

LUTIN
FRANCE
J V

Verry Fils

Paris

1865–1873 Handel mit Puppendamen mit Biskuitkopf und Lederkörper. Die abgebildete Marke befindet sich auf dem Körper.

AUX GALLERIES DE FER
VERRY FILS
1989 DES ITALIENS

Jeanne Violon

La Varenne-Saint-Hilaire, Frankreich

1924 Eintragung der Schutzmarke **Jeannine** für Puppen.

JEANNINE

Alfred Vischer & Co.

New York City

1894–1905 Importeur und Vertreter von Buschow & Beck. 1901 Eintragung der Schutzmarke **Minerva** für einen Metallkopf von Buschow & Beck.

MINERVA

Guglielmo Voccia

New York City

1919–1920 Eintragung mehrerer Schutzrechte für Puppen: **Bella Veneziana, Clown, I Love You, Keep Kool, Lily Tiso, Oriental, Sentimentale** und **Shy Girl**.

Voices Inc.

(siehe Art Metal Works)

Friedrich Voigt

Sonneberg

Die 1879 gegründete Firma produzierte ab ca. 1904 Köpfe aus Holz, Zelluloid und Biskuit sowie Gelenkpuppen; sie verwendete die Marke **Frivona**. Die Firma bestand noch bis in die 30er Jahre.

Roger Vormus

Paris

1920 Eintragung der Schutzmarke **Kissmy** für Puppen.

KISSMY

W

Wagner & Zetsche

Ilmenau

Von 1875 bis 1929 stellte die Firma Wagner & Zetsche Puppenkörper aus Stoff, Leder, Papiermachee und Kunstleder her. Die Fabrik verkaufte bis etwa 1916 Puppen mit Köpfen von Gebrüder Heubach und erwarb dann von P. R. Zierow, Berlin, ein Patent für die Herstellung eines Composition-Materials **Haralit.** Die Charakterpuppen **Harald** (1915), **Inge** (1916) und **Hansi** (1925) hatten von da an Haralit-Köpfe. Wagner & Zetsches kunstvoll verschlungene Initialen **WZ** tauchen auf Köpfen auf; die Signatur **Wag Wag** wurde auf der Fußsohle angebracht. Die Zahl **1875** erscheint auf Etiketten, während die **W.Z.**-Marke bei Charakterpuppen, auch solchen mit Heubach-Köpfen, an der Rückseite des Kopfs eingraviert wurde.

1
Harald
W.Z.

Wag-Wag

Izannah F. Walker

Central Falls, Rhode Island

1873 ließ Mrs. Walker ihre Stoffpuppe patentieren, die sie vermutlich schon seit einigen Jahren hergestellt hatte. Die Puppen aus Stockinet mit Watte- oder Haarfüllung waren zum Teil auf dem Kopf mit dem Patentdatum gemarkt.

Waltershäuser Puppenfabrik

Waltershausen

1921 bis um 1925 Herstellung von Puppenkörpern, -teilen und -zubehör. Eintragung der Schutzmarken **WP** (1921), **Primrose** (1922) und **Walpu** (1925). **WP** findet sich als gestempelte Körpermarke.

Johann Walther

Öslau

Gegründet 1900, Herstellung von Puppenköpfen bis um 1908. Im selben Jahr gründete Johann Walther die spätere Porzellanfabrik Walther & Sohn (siehe dort). Seine Marke **IW** (Abb.) ging auf das neue Unternehmen über.

J. Walther & Sohn

Öslau

Die 1908 von Johann Walther gegründete Porzellanfabrik produzierte bis in die 40er Jahre Biskuitköpfe, Badepuppen und Ganzbiskuit-Puppen. Die Marke mit den verschlungenen Initialen **WS** wurde bis zur Klarstellung durch Jürgen u. Marianne Cieslik fälschlich Strobel & Wilkin zugeschrieben. Diese Marke wurde von Walther & Sohn teils mit, teils ohne **Krone** ab 1921 verwendet. Bis zu diesem Jahr hieß die Firma Walther & Co. und verwendete höchstwahrscheinlich Walthers ursprüngliche IW-Marke (siehe unter Johann Walther).

The Wazu Novelty Co.

New York City

1922 Eintragung der Schutzmarke für Puppen und Schaufensterpuppen.

William Augustus Webber

Medford, Massachusetts

Webber entwickelte eine sehr beliebte Singpuppe mit Tonerzeugung durch Zungen. Von 1882 bis 1884 fand diese Puppe zu Tausenden Absatz und war mit mehr als zwanzig verschiedenen Melodien lieferbar. Die Webber-Puppen hatten Composition-Köpfe mit Wachsüberzug und Lederkörper. Die Körper waren auf dem unteren Rückenteil mit der abgebildeten Marke gestempelt, dazu kamen die verschiedenen Jahreszahlen und Länder der Patenterteilung von 1881 bis 1882. Zur Betätigung der Singstimme war ein Knopf auf dem Bauch zu drücken.

The Webber S Doll S

Weidemann Co.

New York City

1922–1923 Tätigkeit als Vetreter für europäische und amerikanische Puppenhersteller und -importeure.

Weiskirchlitzer Steingutfabrik

Weiskirchlitz, Böhmen

Gegründet 1817; bis um 1920 Herstellung von Köpfen. Auffällig die Ähnlichkeit der Marke mit denen von Walther & Sohn und Strobel & Wilken.

Heinrich Weiss

Sonneberg

1895 Eintragung der Schutzmarke für bekleidete und unbekleidete Puppen.

Weiss, Kühnert & Co.

Gräfenthal

Die 1891 gegründete Porzellanfabrik stellte etwa ab 1910 bis mindestens 1930 anfangs Badepuppen und später Teepüppchen her.

4703
Weiss Kühnert
&
Co
Gräfenthal.
5
Made in
Germany.

Welsch & Co.

Sonneberg

Die 1911 gegründete Puppenfabrik verwendete etwa sechs Jahre lang Köpfe von Max Oscar Arnold. Ab 1917 bezog die Firma

Köpfe von Schützmeister & Quendt sowie Simon & Halbig.

F. Welsch

Breslau

Die 1907 gegründete Puppenfabrik produzierte Puppenzubehör und -kleidung; ab 1922 kamen Billigpüppchen und Kleinspielzeug ins Programm. Die Schutzmarke **Rose-Puppe** für Weichpuppen und Puppenhauspüppchen wurde 1925 eingetragen. Die Marke **F.W.B.** taucht auf einer Ganzbiskuit-Puppe auf.

Theodor Wendt

Hamburg

Exportfirma; 1924 Eintragung der Schutzmarke **TW**.

Paul Wernicke

Waltershausen

Paul Wernicke schied 1924 aus der Firma König & Wernicke aus und gründete eine neue Puppenfabrik. 1925 ließ er seine Schutzmarke **Wernicke Puppe** eintragen und bot dann einige Jahre lang Puppen und Babys an.

Willi Weyh

Sonneberg

Der Fabrikations- und Exportbetrieb Weyh bestand von ca. 1924 bis 1925. Abgebildet ist die Kopfmarke einer Charakterpuppe.

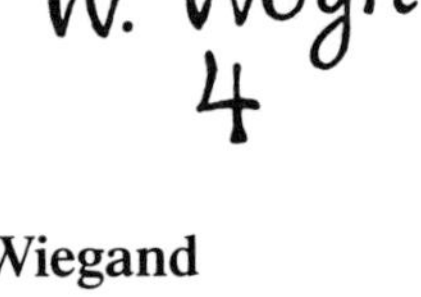

Hugo Wiegand

Waltershausen

Die 1911 gegründete Puppenfabrik produzierte Charakterpuppen und Sitzbabys. Sie ließ mehrere Schutzmarken für Puppen eintragen: **Edelkind** (1918), **Herzlieb** (1913), **Sonny Boy** (1930) und **Sweet Nell** (1925). Die abgebildete Marke mit der Formnummer 1351 stammt aus der Produktion von Simon & Halbig für Wiegand.

H.W.
W.
1351
40

Germany
133
H 3 W

Wiesenthal, Schindel & Kallenberg
Waltershausen

Die 1858 als Titus Schindel & Co. gegründete Fabrik stellte Papiermachee-Figuren und Kostümpuppen her. 1893 erfolgte die Umfirmierung zu Wiesenthal, Schindel & Kallenberg und die Aufnahme der Produktion von Gelenkpuppen mit Biskuit- oder Wachskopf sowie Sitzbabys und Charakterpuppen, die sich bis in die 20er Jahre fortsetzte. Die Firma bestand bis etwa 1926. Wie aus den Marken ersichtlich, stammen viele ihrer Biskuitköpfe von Simon & Halbig; Köpfe mit den Formnummern 130 und 150 wurden von Hertel, Schwab & Co. hergestellt. Weitere bekannte Formnummern sind 541 und 1321.

SIMON & HALBIG
WSK 4½

WSK
541
4

Wilhelmsfeld
(siehe F. & W. Goebel)

Ernst Winkler
Sonneberg

Die 1903 gegründete Firma Winkler produzierte bekleidete Puppen und Puppenköpfe. 1910 Eintragung der Schutzmarke **Gekleidete Puppe**, 1925 **Winkler Puppe** und EW im **siebenzackigen Stern**. Alle drei Marken wurden nur auf der Verpackung verwendet. Puppenköpfe waren nur mit W gemarkt. Die Firma ging 1927 in Konkurs.

1910
W.
11/0x

Friedrich Edmund Winkler
Sonneberg

1899 Eintragung der Schutzmarken **Bébé Articulé** und **FEW** für Gelenkpuppen. Bis um 1912 Herstellung von Kugelgelenkpuppen mit Biskuitkopf und Charakterpuppen.

Adolf Wislizenus
Waltershausen

Die 1851 in Waltershausen gegründete Fabrik ging um 1870 an Adolf Wislizenus über und hatte danach noch mehrere andere Inhaber. Die Firma stellte von ca. 1875 bis ca. 1885 Wachspuppen her; ab 1894 produzierte sie auch Puppenkörper mit raffinierten Gelenken. Die 1902 eingetragene Schutzmarke **Old Glory** war für Gelenkpuppen vorgesehen, die normalerweise Köpfe der Firma Simon & Halbig hatten, von der Wislizenus verschiedene Formnummern bezog (dokumentiert sind 1249 und die beliebte 1079). Die Firma verwendete auch die Formen 252 und 289 von Bähr & Pröschild, bezog nach 1910 aber Köpfe nur noch von Ernst Heubach. Die abgebildeten Marken waren größtenteils Kopfmarken; die Marke mit **AWW//DRGM** und Nummer wurde als Körperstempel verwendet. 1910 wurde die Schutzmarke **Queen Quality** eingetragen, 1919 **Mein Glückskind** und **Spezial Serie**.

OLD GLORY
A.W.
REGISTERED IN GERMANY

A.W.
W
Mein
Glückskind
Eingetr. Schutzmarke

A.W.
Ser. G/7

1429/8 A.W.
rar/usé

AW
W
DRGM
421481

AW
Special
Germany

Heubach-Köppelsdorf
A.W.
W
Germany
9

Gustav Wohlleben
Neustadt

Gegründet 1909; bis mindestens 1916 Herstellung verschiedener Puppen und Köpfe. Die abgebildete Marke ist eine Körpermarke.

GW

Otto Wohlmann
Nürnberg

Gegründet 1908; Herstellung von Stoff- und Charakterpuppen. 1913 Eintragung der Schutzmarke **OWN**.

O W
N
Eingetragene Fabrikmarke

Hermann Wolf
Nordhausen

Ca. 1922–1930 Herstellung von Ganzbiskuit-Puppen. 1923 erfolgte die Eintragung der **Wolf**-Marke. Die auf Wolfs (des vermutlichen Firmengründers) Initialen folgenden Buchstaben **E.N.Sp.F.** sind die Abkürzung von Erste Nordhäuser Spielwarenfabrik, des von diesem Betrieb geführten Firmennamens.

Louis Wolf & Co.

Sonneberg, Boston und
New York City

Die um 1870 gegründete Firma Wolf vertrieb deutsche und amerikanische Puppen. Darüber hinaus bezog Wolf von einer Anzahl Firmen Spezialanfertigungen, so von C. M. Bergmann, Hertel Schwab und Armand Marseille. Die Formen 152 (**Our Baby**), 200 (eine Charakterpuppe) und 222 (**Our Fairy**) stammen von Hertel Schwab. Zahlreiche Köpfe wurden von Armand Marseille geliefert (mit **Anker** und **W** gemarkte sind nach 1896 hergestellt). Nach 1916 exklusiv von Wolf vertriebene Biskuitkopf-Puppen tragen zum Teil die Initialen **L.W.&Co.** und dazu Größe und Formnummer. Wolf vertrieb Puppen u.a. folgender Marken:

Baby Belle (1914)
Baby Irene (1913)
Baby Sunshine (1925)
Chubby (1914)
Cinderella (1892)
Columbia (1904)
Excelsior (1911 – siehe Abb.)
Featherweight (1906)
Grunty Grunts and Smiley Smiles (1921)
Happiness Dolls (1925)
Kutie Kid (1919)
Little Jimmy (1913)
Mangolin (1907)
Mickey (1920)
Minerva (1906)
My Companion (1910)
Our Fairy (1914 – siehe Abb.; Aufkleber)
Playtime (1906)
Pretty Peggy (1925)
Queen Louise (1910)
Rollinson (1916)
Schilling (1910)
Superba (1904)

152
L.W.&Co.
12

Wolf Doll Co., Inc.

New York City

Eintragung der Schutzmarke **Hans Brinker** 1922 und der **Wolf**-Marke 1926. Handelsname **Two-In-One-Doll** (1922).

Mary Francis Woods

Portland. Orgeon

Von 1904 bis um 1925 Entwurf und Herstellung von Composition-Puppen. Die Puppen stellten folgende Indianer dar: **Chief Joseph** (1904), **Chief Wolf Robe** (1915), **Cigarette Friend** (1915), **Old Angeline** (1915), **Princess Angeline** (1905) und **Sacajewa** (1915). Sie wurden ausschließlich von der Konstructo Company, New York City, vertrieben.

H. Wordtmann

Hamburg

1925 Eintragung der Schutzmarke **Puspi** für Puppen.

Württembergische Spielwarenfabrik

Mergelstetten

1924 Eintragung der Schutzmarke **Heidekopf Spielwaren** für Spielzeug und Puppen.

Z

P. R. Zast

Polen

In den 1920er Jahren Herstellung von Zelluloidpuppen mit Stoffkörper. Die abgebildete Marke erscheint auf der Schulter, die Initialen **A.S.K.** im **Dreieck** auf dem Kopf.

Zeuch & Lausmann

Sonneberg

Die 1888 gegründete Firma produzierte von ca. 1894 bis 1925 Köpfe, bekleidete Puppen, Gelenk- und Musikpuppen. Die abgebildete Marke wurde 1895 eingetragen.

Paul Lucien Zierl

Coeuilly-Champigny-sur-Marne, Frankreich

1925 Eintragung der Schutzmarke **Le Joujou Pneu** für Gummipuppen.

LE JOUJOU PNEU

P. R. Zierow

Berlin

Die 1882 gegründete Fabrik stellte ursprünglich Wachspuppen her. Ab 1905 produzierte sie Puppenkörper mit Zelluloidteilen. Die Schutzmarke **PZ** wurde 1910 eingetragen, die Marke **Mein Augenstern** 1914.

Gottlieb Zinner & Söhne

Schalkau

Die 1845 gegründete Firma Zinner spezialisierte sich auf Automaten und Billigartikel. Von 1921 bis 1935 stellte sie auch bekleidete Puppen und Gelenkpuppen her.

Emil Zitsmann

Steinach

Gegründet 1888; bis um 1930 Herstellung von Puppenkörpern und -teilen aus Leder, Stoff und Kunstleder. Eintragung der **Anker**-Marke 1913.

VERZEICHNIS DER KÜNSTLER

VERZEICHNIS DER MARKEN

I. Ziffern

II. Daten

III. Buchstaben, Initialen u. Abkürzungen

entwined = verschlungen; within triangle = im Dreieck; within diamond = in Raute; in star = im Stern; in shield = im Schild; in circle = im Kreis

IV. Namen und Bezeichnungen

V. Figuren und Symbole

PUPPENLITERATUR
aus dem Verlag Laterna magica
für Sammler, Fachleute und Puppenfreunde

Venus A. Dodge: *Puppenkleider selbermachen.* 192 Seiten, 344 Schwarzweißabbildungen, 17 Farbtafeln, Schnittmuster für über 120 Kleidungsstücke, Format 22,5×30,3 cm, Efalin mit Schutzumschlag. DM 68,—

Bialosky/Tynes: *Teddybären selbermachen.* 112 S., 200 Abbildungen, 12 Farbtafeln, 246 Schnittmusterteile, Pappband. DM 29,80

Peggy und Alan Bialosky: *Teddybären sammeln. Ein Katalog und Preisführer.* 224 Seiten, 292 Abbildungen, Format 16×22,5 cm, Pappband. DM 29,80

Pam Hebbs: *Geliebte Teddybären.* 144 Seiten, 150 teils farbige Abbildungen, Format 21,5×26 cm, Efalin mit Schutzumschlag. DM 49,80

Elke Gottschalk: *Geliebte Steiff-Tiere. Teddybären, Stofftiere, Puppen.* 112 Seiten, 119 Abbildungen, Format 15,5×22 cm, gebunden. DM 35,—

Lydia Richter: *Geliebte Käthe-Kruse-Puppen — gestern und heute.* 112 Seiten, 147 Abbildungen, Format 15,5×22 cm. DM 24,80

Das Käthe Kruse Bilderbuch. Text: Max Jungnickel. 52 Seiten mit 12 Abbildungen, Format 27,5×24 cm, gebunden. DM 29,80

Rosemarie Vogelsang: *Käthe Kruse Bilderbuch.* Band 2. 52 Seiten mit 12 Abbildungen, Format 27,5×24 cm, laminierter Pappband. DM 29,80

Ingeborg Rieser: *Puppenmütterchens Gute-Nacht-Geschichten.* 58 Seiten, 115 Farbabbildungen, Format 25×27,5 cm, laminierter Pappband. DM 29,80

Käthe Kruse Postkartenbuch 2. 70 Seiten, 31 Farbabbildungen, Format 11,4×16,2 cm. DM 24,80

Lydia / J. Richter: *Puppengrüße.* Postkartenbuch. 20 vierfarbige Postkarten. Einführungstext, Format 11,5×16 cm. DM 12,80

Carin Lossnitzer: *Meine Puppenlieblinge.* Künstlerpuppen-Postkartenbuch. 20 vierfarbige Postkarten. Einführungstext, Format 11,5×16 cm. DM 12,80

Rosemarie Vogelsang: *Puppen-Reitschule. Käthe-Kruse-Puppen hoch zu Roß.* Postkartenbuch. 20 vierfarbige Postkarten, Einführungstext, Format 11,5×16 cm. DM 12,80

Rosemarie Vogelsang: *Käthe-Kruse-Puppenträume.* Postkartenbuch. 20 vierfarbige Postkarten. Einführungstext, Format 11,5×16 cm. DM 12,80

Sammlung Wanke: *Teddybären.* Postkartenbuch. 20 vierfarbige Postkarten. Einführungstext, Format 11,5×16 cm. DM 12,80

Angelika Lipinski: *Zelluloidpuppen.* Postkartenbuch. 20 vierfarbige Postkarten. Einführungstext, Format 11,5×16 cm. DM 12,80

Lydia und Joachim F. Richter: *PuppenRaritäten. Modepuppen, Puppenautomaten, Kuriositäten, Exklusivpuppen.* 112 Seiten, 133 Abbildungen, vierfarbig, Format 16×22,5 cm, Efalin mit Schutzumschlag. DM 38,—

Puppen-Poster

BRU-Porzellankopfpuppe — Zelluloidpuppen-Familie — Kestner (Typ Hilda) / Armand Marseille — Teddbären (mit dem berühmten «Peter-Bär»).

Jedes Poster 56×84 cm. DM 9,80 pro Stück

Verlag Laterna magica, Joachim F. Richter, Stridbeckstraße 48, D-8000 München 71